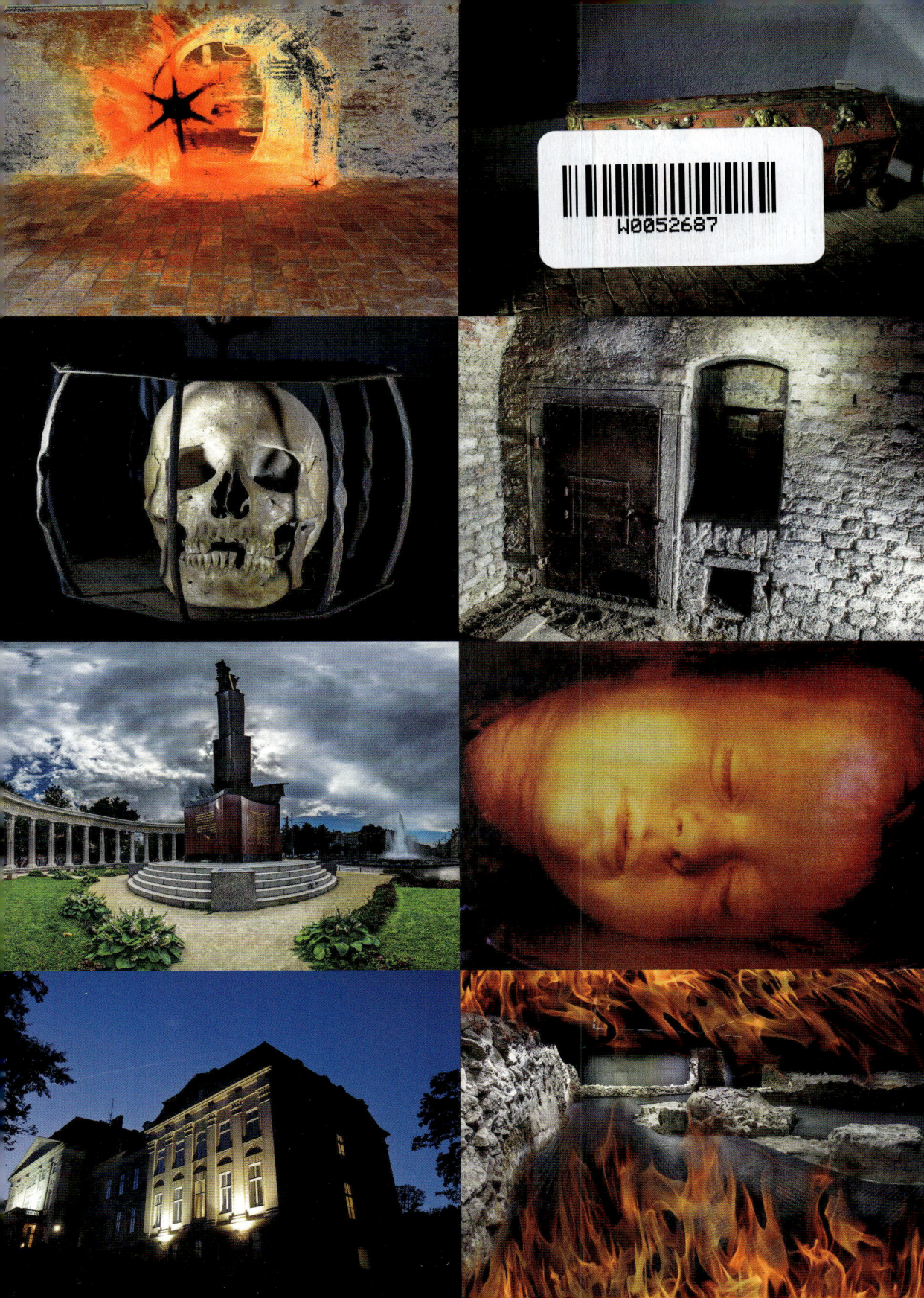

Orte des
Grauens

Gabriele Lukacs

Orte des Grauens

Dunkle Geheimnisse in Wien

Fotografiert von Peter C. Huber

pichler verlag

INHALT

VORWORT

„Das Böse ist immer und überall"

Immer wieder kommt es zu unerklärlichen Unglücksfällen in den Häusern und Gassen von Wien. Verheerende Brände, ungeklärte Morde und brutale Überfälle ereignen sich oft an jenen Orten, denen schon von alters her eine unheimliche Geschichte anhaftet. Meist befanden sich dort Hinrichtungsplätze, Kerker oder Verliese. Es wurde gefoltert, gerädert und verbrannt. Die Gräueltaten jener Zeit sind längst vergangen und vergessen, die Verbrechen gesühnt. Aber ist das Böse damit verschwunden oder hat sich seine Aura in den Mauern, im Pflaster der Straßen und im kollektiven Gedächtnis dieser Stadt festgesetzt? Wo liegt die dunkle Vergangenheit Wiens verborgen?

Gabriele Lukacs begibt sich einmal mehr auf Spurensuche. Sie erforscht die Geschichte jener Orte, wo vor Jahrhunderten Menschen hingerichtet wurden. Sie berichtet von Gassen, die noch heute der Hauch des Todes durchstreicht, von Häusern, die immer wieder zum Schauplatz von Verbrechen werden und von den dunklen Geheimnissen in den tiefen Kellern unter Wien.

Von der Autorin erschienen im Pichler Verlag zu diesem Thema: „Gruselhäuser – Ein Blick in die Abgründe von Wien", „Unheimliches Wien", „Geheimnisvolle Unterwelt von Wien".

Dunkle Geheimnisse liegen unter Wien verborgen.

www.mysterytours.at

7

Sage und Legende

DAS GRAUEN,
DAS VOM HIMMEL KAM

Vorherige Seite: Blutregen und Nordlichter – Vorzeichen kommenden Unheils

Wien, eine der lebens- und liebenswertesten Städte der Welt, war im Laufe der Jahrhunderte immer wieder ein Ort des Grauens: nicht nur Schauplatz von Krieg und Mord, sondern auch Opfer von verheerenden Naturkatastrophen. Pest und Seuchen suchten die Stadt heim und dezimierten die Bevölkerung. Feuer, Hochwasser und Erdbeben verwüsteten die Häuser und Felder. Diese Katastrophen deutete man als Gottesstrafe für sündigen Lebenswandel. Grauenvolles erlebten die Menschen aber auch durch unerklärliche Ereignisse, die aus heiterem Himmel hereinbrachen. Diese Vorkommnisse machten die Stadt zum Schauplatz von Horror- und Gruselgeschichten. Allerhand Schauriges soll vom Himmel gefallen sein, unter anderem Mörderheuschrecken, todbringende Pestbakterien und immer wieder blutroter Regen. Die Berichte darüber reichen zurück bis ins 9. Jahrhundert und setzen sich fort bis in unsere Zeit.

Unheimliche Nebelschwaden in Drachengestalt sollen die Pest gebracht haben.

UNHEIMLICHE NEBELSCHWADEN BRINGEN DIE PEST

Berichten aus dem Mittelalter zufolge beobachtete man jedes Mal vor Auftreten der Pest unheimliche Nebelschwaden, die wie aus dem Nichts auftauchten, die Stadt einhüllten und ebenso unerklärlich wieder verschwanden. Kurz darauf sei die Krankheit ausgebrochen und habe viele Wiener und Wienerinnen völlig überraschend aus dem Leben gerissen. Freilich haben wohl eher Mangelernährung, schlechte Hygiene und unsauberes Trinkwasser dazu beigetragen, dass sich die Seuche so rasend schnell verbreiten konnte. Aber diese Zustände gab es permanent, die Seuche trat jedoch schubartig auf. Man sprach von Lichterscheinungen, merkwürdigen Nebelwolken und unbekannten Luftschiffen, die immer unmittelbar vor Ausbruch der Epidemie am Himmel zu sehen wären. Zeitgenössische Darstellungen malten und zeichneten das Grauen, das vom Himmel kam. Auf Federzeichnungen im von Jakob Mennel 1503 verfassten Werk „Über Wunderzeichen" wird dargestellt, welche unheimlichen Zeichen jedes Mal vor Ausbruch von Pestepidemien am Himmel zu sehen gewesen sein sollen. Dazu zählen nicht nur Sonnen, die sich wie Wagenräder drehten, und Nebelwolken in Drachengestalt, sondern auch Blutregen und vom Himmel fallende Tiere wie Fische, Frösche, Eidechsen. Das Phänomen des „Tierregens" kann auch heute noch weltweit beobachtet werden. Während es für

11

viele Fälle wissenschaftlich abgesicherte Erklärungen gibt – die Theorien reichen von Tornados bis zu Wasserhosen –, bleiben einzelne Phänomene nach wie vor rätselhaft.

HEUSCHRECKEN FRESSEN MENSCH UND TIER

Zu den furchteinflößenden Himmelserscheinungen zählte man früher auch das überfallsartige Auftreten von Heuschreckenschwärmen. Wanderheuschrecken kommen in unseren Breiten nur selten vor. Wenn, dann verursachen sie aber verheerende Schäden. In den Jahren 1195, 1338 und 1473 soll die ganze Ernte der Stadt Wien von ihnen vernichtet worden sein. 1749 soll ein gewaltiger Schwarm sämtliche Felder in Penzing verwüstet haben. Maria Theresia ließ sie durch bewaffnete Reiter vertreiben. Eine Wiener Sage berichtet über einen mörderischer Heuschreckenschwarm, der vor Jahrhunderten die Stadt heimgesucht haben soll:

„Als sich ein solcher Schwarm einst auf dem Buchfeld (die heutige Buchfeldgasse im 8. Bezirk, Anm. d. Verf.) *niedergelassen hatte, eilten die Knechte zu ihrem Gutsherrn, um ihm davon zu berichten. Er sattelte sein Pferd, nahm seine Hunde und ritt hinaus zu seinen Äckern. Das Rauschen der Heuschreckenflügel erschreckte die Hunde dermaßen, dass sie sofort Reißaus nahmen. Wutentbrannt zog der Ritter sein Schwert und stürzte sich hoch zu Ross kämpfend in den Schwarm. Wie von Sinnen hieb er um sich, blind vor Zorn über das scheußliche Getier, das ihm die Ernte des Jahres raubte. Tapfer kämpfte*

Heuschreckenschwärme vernichteten die Felder in Penzing und Lerchenfeld.

er sich durch die Masse an Insektenleibern, da warf ihn das erschreckte Ross ab. Nun stürzte sich die gefräßige Meute erst recht auf ihn und das vor Angst wiehernde Tier. Ohnmächtig sank er zu Boden und musste sich der bösartigen Brut geschlagen geben. Am nächsten Morgen kamen die Knechte wieder zum Buchfeld, kein Getreidehalm stand mehr auf dem Acker. Am Boden lagen die kahlgefressenen Gerippe des Ritters und seines Pferdes."

Diese Sage mag wohl einen wahren Kern haben, kann aber so nicht stimmen, denn es sind vegetarische Heuschrecken, welche die Felder kahlfressen. Als Horrorgeschichte taugt sie allerdings, denn Angst und Schrecken verbreitet so ein Heuschreckenschwarm allemal.

BLUTREGEN FÄLLT VOM HIMMEL

Auch das Phänomen des „Blutregens" findet sich immer wieder in Sagen und Legenden und wird ebenfalls mit einer Strafe Gottes in Verbindung gebracht, so auch im Bereich des heutigen Wien. Im Buch „Das Neueste von gestern", einer Sammlung von Sensationsmeldungen der vergangenen Jahrhunderte aus dem Jahr 1911, ist zu lesen: „Im Jahr 864 regnete es Blut, drei Tage und vier Nächte. An manchen Orten zeigten sich steinharte Würmer, welche den Feldfrüchten sehr schädlich waren, sodass viele Menschen Hungers starben. Auch stellte sich eine verheerende Viehseuche ein, und die Hunde, welche von dem Aase gefressen hatten, verkamen, dass sie kein Wild fangen konnten, lebendig oder todt."

13

Vor tausend Jahren traf eine verheerende Überschwemmung die Stadt Wien, auf die Blutregen gefolgt sein soll: „Im Jahr 1008 war ein sehr großes Wasser in den zwölf Tagen nach Weihnachten und stand sieben Tage. Später, am Palmsonntage, fielen an mehreren Stellen den Leuten Blutstropfen auf die Kleider". Immer wieder waren die Bewohner geschockt vom Blut, das vom Himmel regnete. Sie konnten sich dessen Herkunft nicht erklären und sahen darin eine Strafe Gottes. „Wien, den 20. Mai 1620. Vorgestern in der Nacht hat es dieser Orten und allhier Blut und Schwefel geregnet, die Bedeutung ist Gott bekannt."

Hundert Jahre später konnte man bereits eine plausible Erklärung für den Blutregen finden: „Wien, den 28. Juni 1720. Von wegen des Blutregens, wovon debitiert worden ist, vernimmt man nun, dass es kein Blut aus den Wolken gewesen ist, sondern dass eine große Menge Fliegen als rote Würmer selbiger Gegend gewesen, so im Fliegen eine rote Materie tropfenweise haben fallen lassen."

UNHEIMLICHE NORDLICHTER ALS KRIEGSBOTEN

Auch noch im 20. Jahrhundert, als die Wissenschaft solche Phänomene grundsätzlich schon erklären konnte, wurden diesen Naturphänomenen unheilvolle Bedeutungen beigemessen. Am 24. Juni 1914, kurz vor Mitternacht, soll eine hellweiße, große Sonne am Nachthimmel über Österreich und Bayern erschienen sein. Sie drehte sich wie ein Wagenrad ganz langsam weiter. Aber die Sonne konnte es nicht sein, diese war längst untergegangen. Eine deutsche Zeitung berichtete:

„Der Mond war auch groß zu sehen. Auf einmal blieb die blanke Sonne stehen und platzte auf, daß die Funken nach allen Seiten stoben. Und ein Weilchen drauf fiel aus dem Himmel Blut und Feuer, immer so ganz sachten auf Lindenberg runter, wie Regentropfen und große Klunkern; und das dauerte nicht lange, da war alles wieder verschwunden, als wenn nichts gewesen wäre. Die Leute erschreckten sich alle, die das sahen, aber keiner wußte damals, was das sollte zu bedeuten haben."

Am 28. Juni 1914 verübte ein serbischer Nationalist das Attentat von Sarajevo, bei dem Thronfolger Erzherzog Franz Ferdinand und seine Gattin Sophie getötet wurden. Daraufhin erklärte Österreich-Ungarn den Krieg an Serbien, was in den Ersten Weltkrieg mündete. Daher wurden die unheimliche Lichterscheinung und der Blutregen im Nachhinein als Kriegsvorzeichen interpretiert.

Es gab sie auch vor dem Zweiten Weltkrieg, jene Vorzeichen, die von den alten Menschen verstanden wurden. 1938, im Jahr des „Anschlusses" Österreichs an Nazideutschland, konnte man in großen Teilen Europas, also auch in Wien, ein furchterregendes, blutrotes Licht am Himmel beobachten, ein Nordlicht gigantischen Ausmaßes. Heinz Stritzl, langjähriger Chefredak-

teur der *Kleinen Zeitung*, erinnerte sich in einem Artikel vom 1. September 2009: „Die Alten deuteten dies als Zeichen für einen großen Krieg." Der deutsche Autor Michael Hesemann beschreibt dasselbe Ereignis folgendermaßen:

„Am Abend des 25. Januar 1938 färbte sich der Himmel über Europa blutrot. In den großen Metropolen des alten Kontinentes heulten die Sirenen, weil Bürger glaubten, ein Feuer sei ausgebrochen. In der gesamten Alpenregion schien es, als sei die Morgendämmerung vorverlegt worden, so tiefrot glühte der Horizont. Bis hinunter nach Italien, Spanien und Portugal, ja sogar in Gibraltar, auf Sizilien und in Nordafrika wurde das Phänomen beobachtet, das später von der Wissenschaft als gigantische Aurora borealis *erklärt wurde, als Nordlicht von historischer Dimension. (...) Das Spektakel war verzaubernd und variierte, animiert durch leuchtendes Pulsieren, verlosch und loderte erneut auf ... In den Straßen verursachte es eine Panik. In zahlreichen Dörfern in der Provinz wurde die Feuerwehr alarmiert ... Ein immenses blutrotes Glühen breitete sich über den Himmel aus."*

Zeitgenössische Berichte beschrieben das unheimliche, Unheil verheißende Zeichen am Himmel mit drastischen Begriffen als „einem blutgetränkten Leichentuch ähnlich", „Widerspiegelung eines gewaltigen Infernos", „himmlisches Höllenfeuer", „einem nahenden Großbrand gleichend", „nahezu der ganze Himmel stand in Flammen", „als würde der Himmel brennen, der mythischen Götterdämmerung gleich", „es schien so, als sei das Ende der Welt gekommen".

Eine grellweiße Sonne erschien am 24. Juni 1914 über dem Nachthimmel, ein unheilvolles Vorzeichen des kommenden Krieges.

DONAUSTRUDEL UND WASSERGEISTER

DIE JOHANNESSCHÜSSEL
ALS HEILBEHELF UND ORAKEL

Nussdorf, ein Teil des 19. Bezirks, an der Donau gelegen, war früher ein sehr gefährlicher Ort. Der unregulierte Donaustrom war wild und voller Strudel. Fischer und Schiffer waren ständig in Gefahr, in die Tiefe gezogen zu werden. Vom Tod im tiefen Grab des Wassers künden daher auch die Grabsteine an der Kirchenwand des Kahlenbergerdorfs. In der Kirche selbst wurde bis vor etlichen Jahren eine sogenannte „Johannesschüssel" aufbewahrt. Als „Johannesschüssel" werden seit dem Mittelalter verbreitete Darstellungen mit dem abgeschlagenen Haupt des hl. Johannes des Täufers auf einer Schüssel bezeichnet. Sie wurden besonders bei Kopfleiden vom Volk verehrt und in Spitälern oft zur Schmerzlinderung herumgereicht. Männer legten ihren Hut darauf, Frauen das Kopftuch. Heute würde man diesen makabren Anblick des blutenden Johanneskopfes auf dem Teller nicht als heilbringenden Brauch ausüben. Auch das dreimalige Tragen der Schüssel um den Altar oder die Kapelle sollte vor Kopfweh schützen oder dasselbe heilen. Als den Geistlichen dieser ursprünglich heidnische Kult zu unchristlich erschien, hängten sie die Schüsseln und Köpfe, die ursprünglich auf den Altären standen, höher auf, sodass die Menschen keine direkte Berührung mehr mit ihnen hatten, worauf diese dann den Hut hinaufwarfen. Daher soll der Ausdruck „I hau den Huat drauf" kommen. Die – übrigens im Wiener Raum einzige erhaltene – Johannesschüssel des Kahlenbergerdorfs befindet sich heute in der Schatzkammer von Stift Klosterneuburg.

Die Johannesschüssel wurde auch als Orakel bei Ertrunkenen befragt. Der verstorbene Leiter des Bezirksmuseums Döbling, Prof. Kurt Apfel, berichtete über den Brauch, nach in der Donau Ertrunkenen mithilfe der Johannesschüssel zu suchen. In früherer Zeit, als die Donauschifffahrt noch gefährlich war und immer wieder Menschen in den Fluten ertranken, hat man die hölzerne Johannesschüssel vom Ufer aus ins Wasser der Donau geworfen. Dort wo sie der Strudel erfasste, soll die Person ertrunken sein, und dort wo die Schüssel wieder an die Oberfläche kam, wurde nach dem Ertrunkenen gesucht. Ein Rest dieses seltsamen Brauchs hat sich bis heute im Kahlenbergerdorf erhalten. Dort feiert man den Kirtag am 29. August, dem Tag der Enthauptung des hl. Johannes. Eine Erin-

Die Wassernixe lockte die Wanderer in die gefährlichen Fluten der Donau (Donauweibchen-Skulptur von Wolfgang Hutter im Kahlenbergerdorf).

nerung an die gefährliche Zeit der Donaustrudel und der Wassergeister, die jedem Unachtsamen auflauerten und ihn in die Tiefe zogen. Eine alte Wiener Sage berichtet davon.

DIE DONAUGEISTER UND DER HE-MANN

Früher soll es in den Donauauen bei Nussdorf nicht recht geheuer gewesen sein. Vor einem Gewitter entstiegen den Fluten seltsame Gestalten und rasten mit wüstem Geschrei am Ufer entlang, sodass die Bäume ächzten und ihre Äste bogen. Draußen fuhr die „Wilde Jagd" dahin, man hörte in den Lüften Pferdegewieher, Hundegebell und Peitschenknallen, und oft schien es, als ob sich in den Spitzen der Weiden und Birken etwas verfangen hätte. Darauf ließ der Lärm nach und es war so ruhig wie zuvor. Oft zeigten sich in den sumpfigen Stellen der Auen kleine Lichter, die den nächtlichen Wanderer in die Irre lockten. Dabei kam es vor, dass er in einen Tümpel geriet, aus dem er keinen Ausweg mehr fand und elend zugrunde ging. Manchmal stürzte einer in den Seitenarm der Donau, wo ihn Schlingpflanzen in die Tiefe zogen.

Der gefürchtetste aller Donaugeister aber war der He-Mann. Auf seinem riesigen Körper hockte ein im Verhältnis viel zu großer Kopf mit zwei feurigen Augen. Dieser Geist rauschte beim Gehen wie ein starker Wind, manchmal schoss er wie ein Pfeil dahin. Die Leute rief er mit „Hehe!" an, und wenn ihm einer antwortete, so setzte er sich ihm so gewaltig auf den Kopf, dass er zerquetscht wurde. Wer jedoch still weiterging, dem tat er nichts. Ein junger Bursch ging einmal vom Kirchtag heim. Er hatte ein Gläschen über den Durst getrunken, verirrte sich und geriet in die Au. Da wurde er übermütig und rief selber: „Hehe!" Auf einmal fuhr der He-Mann

Nussdorf – einst ein gefürchteter Ort voller Naturgeister

18

Die Johannesschüssel im Strudel der Donau: Sie half angeblich bei der Suche nach Ertrunkenen.

durch die Luft daher, hockte sich auf den Rücken des Spötters und jagte ihn eine weite Strecke kreuz und quer durch den Busch. Erst um Mitternacht verließ er ihn. Halbtot vor Schreck warf er sich ins Gras und schlief ein. Als er am nächsten Morgen erwachte, fand er sich auf einem ganz anderen Weg, über zwei Stunden weit von Nussdorf entfernt. Dabei hatte er noch Glück gehabt, dass er vom He-Mann nicht zerfetzt worden war. Trotzdem konnte er von diesem Tag an nicht mehr lachen und nicht mehr singen und starb eines frühen Todes.

Heute ist Nussdorf kein Ort des Grauens mehr. Die Zeiten der gefährlichen Wassergeister sind vorbei, seitdem die Donau reguliert wurde. Unbeschadet darf sich heute der Besucher in eines der letzten idyllischen Weinbau- und Heurigendörfer Wiens wagen.

MEIN TIPP

Die Grabsteine an der Kirchenfassade im Kahlenbergerdorf erzählen vom Schicksal der Ertrunkenen.

Die sogenannte Johannesschüssel befindet sich im Schatzkammer-Museum von Stift Klosterneuburg. www.stift-klosterneuburg.at

DER VERSCHOLLENE TEMPLERSCHATZ

1., BLUTGASSE

SCHAUPLATZ EINER BLUTRÜNSTIGEN VERFOLGUNG

„Das Blutgäßchen läuft von der Singerstraße bis in die Domgasse und ist (...) ein Ort des Grauens und Entsetzens, wie schon sein Name sagt, den es davon haben soll, weil hier zur Zeit der Aufhebung des Templerordens alle Mitglieder desselben erschlagen worden sein sollen, wobei das Blut stromweise in die Singerstraße hinabgeflossen sei. In den Kellern des Fähnrichhofes, aus dem die Templer flüchteten, sollen sich blutige Templergestalten gezeigt haben; dort sollen auch die Schätze der Templer verborgen liegen.“

Die Blutgasse – sagenumwobener Ort einer blutigen Templerverfolgung

So erzählt man sich in Wien seit Jahrhunderten. Hier also sollen die Tempelritter im Jahr 1312 gefangen und erschlagen worden sein. Das blutige Gemetzel gab der Gasse ihren Namen. Historisch belegbar ist es allerdings nicht. Der wahre Kern in dieser Sage steckt wohl in der generellen Verfolgung und Verhaftung der Templer am Freitag, den 13. Oktober 1307 durch den französischen König Philipp IV. 15.000 Ordensbrüder sollen bis zum Jahr 1314 getötet worden sein. Der Fähnrichshof in der Blutgasse soll die Wiener Templerherberge gewesen sein. Aus den Kellern dieses mittelalterlichen Häuserkomplexes führen unterirdische Verbindungen zum Haus des Deutschen Ordens in der heutigen Singerstraße. Dorthin könnten sich die verfolgten Tempelritter gerettet haben. Vor der Flucht sollen sie ihre Schätze jedoch in den Gewölben der Herberge versteckt haben. Seit Jahrhunderten sucht man danach, gefunden wurde nichts. Liegt ein Fluch über diesem Ort? Kann das Grauen der Templervernichtung jemals vergessen werden?

SCHATZSUCHE UNTER DER TEMPLERHERBERGE

Die Autorin und der Fotograf hatten die Gelegenheit, der Sage auf den Grund zu gehen und die unterirdischen Bereiche zu erkunden. Mehrere Kellerabgänge führen unter den riesigen Gebäudekomplex. Er zählt zu den ältesten von Wien, die Fundamente datieren mindestens bis ins 12. Jahrhundert zurück. Bis zu vier Kellergeschosse erstrecken sich stellenweise unter den Häusern. Ein unterirdischer Gang soll bis in die Virgilkapelle unter dem Stephansplatz geführt haben. Auf diese Weise dürften die Ordensritter in ihren vermuteten Kultraum gelangt sein und konnten bei Bedarf auch durch den Tunnel flüchten. Dieser Gang würde heute noch – wäre er nicht zwischen den einzelnen Häusern abgemauert – 115 Meter durch das zweite Kellergeschoss der Häuser führen und könnte nach weiteren 100 Metern im Ausstiegsschacht der Virgilkapelle enden.

Wir konnten den Gang streckenweise begehen und staunten über seine Breite und Höhe. Eine 30 Meter lange und fünf Meter hohe Kellerhalle gibt Rätsel auf. Was wurde dort gelagert? Weinfässer? Lebensmittel? Oder waren es Pferdeställe? Das mag wohl für das erste Untergeschoss zutreffen, da dort noch kleine Fensteröffnungen Luft und Licht einlassen, jedoch nicht für das

zweite Untergeschoss. In den stockfinsteren Gewölben fanden wir eine alte Kettenzugvorrichtung samt Schienen, die nach oben zu einem Ausstieg führt, total verrostet und offensichtlich seit sehr langer Zeit nicht mehr in Verwendung. Völlig vermodertes Holz eines Zugwagens liegt auf dem Boden und rottet vor sich hin. Was mag damit wohl transportiert worden sein? Die Keller zeigen noch Reste von ihrer Verwendung als Luftschutzräume während des Zweiten Weltkriegs. Verrostete Eisenbetten, Stühle und anderes Mobiliar stehen noch aufgereiht an den Wänden. Namensschilder der einstigen Bewohner aus Pappkarton zeigen den ihnen zugewiesenen Platz während der Bombenangriffe. Vermauerte Durchgänge hinüber zum Deutschordenshaus zeugen von einer ehemaligen Verbindung. Mehrere Öffnungen sind mit Ziegeln verschlossen. Wurden die Verbindungsgänge von den Templern angelegt und im Weltkrieg wieder benützt?

DIE PLATANE – HÜTERIN DES TEMPLERGEHEIMNISSES

Wo aber könnte der legendäre Schatz vergraben sein? Geben die Wurzeln der Platane, die sich durch die Ziegelgewölbe graben, einen Hinweis? Man sagt, die alte Platane im Innenhof der ehemaligen Templerherberge bewache den Schatz und in ihrem Stamm soll ein Templerschwert stecken. In der Tat entdeckten wir Grabungslöcher in den Kellerwänden. Irgendjemand war schon vor uns da und hat an einigen Stellen die Ziegel aus der Wand und dahinter die Erde des lehmigen Untergrunds entfernt. Erdhaufen be-

zeugen eine rege Grabungstätigkeit. Sind es Sondierungen im Zuge von Dachausbauten, um die Tragfähigkeit des Bodens zu erkunden oder doch Hinterlassenschaften der jahrhundertelangen Schatzsuche?

Das Templerhauptquartier in Wien ist zwar nicht urkundlich belegt, aber Sage und Legende weisen ihm den Häuserkomplex in der Blutgasse zu. Die Templer sollen ihre Verfolger mit einem Fluch belegt haben, sodass die Blutgasse auf ewige Zeiten mit dem – historisch nicht belegbaren – Meuchelmord verbunden wird. Ob es sich tatsächlich so zugetragen hat, wie die Überlieferung schildert, wird wohl nicht mehr zu erfahren sein. Als Ort des Grauens jedenfalls, bleibt sie im Gedächtnis der Stadt lebendig.

In den Kellern des Fähnrichshofes versuchte schon so mancher, den Templerschatz zu finden.

MEIN TIPP

1., Blutgasse: die ältesten Häuser Wiens mit schönen Pawlatschen-Innenhöfen. Eine 300 Jahre alte Platane dominiert den ehemaligen Templerhof.

1., Singerstraße 7: Im Deutschordenshaus befindet sich eine gotische Kirche mit den Wappenschildern der einstigen Ordensmitglieder. In der Schatzkammer wird ein Templerkreuz mit Goldanhänger aufbewahrt. Kontakt: E-Mail: schatzkammer@deutscher-orden.at

23

Hinrichtungs-plätze

PRANGER, GALGEN, FOLTERKAMMERN

Vorherige Seite:
Der Hohe Markt –
jahrhundertelang
ein Ort schauriger
Hinrichtungsspektakel

Zu den einstigen Orten des Grauens dieser Stadt zählen die ehemaligen Hinrichtungsplätze. Obwohl längst nicht mehr als solche verwendet, sind sie noch immer in der Erinnerung der Menschen präsent. Historische Reste wie Kapellen, Bildstöcke sowie Haus- und Flurnamen lassen uns nicht vergessen, welche furchtbaren Szenen sich auf diesen Plätzen abspielten. Die Geschichte der Hinrichtungen geht zurück bis auf die Anfänge der Stadtentwicklung, die Gerichtsbarkeit sogar bis auf die Römer und Germanen. Drei Grundsäulen der germanischen Rechtsprechung hielt man noch bis ins 19. Jahrhundert aufrecht. Erstens durfte nur dann ein Todesurteil verhängt werden, wenn ein Täter öffentlich geständig war, zweitens waren Hinrichtungen eine öffentliche Angelegenheit und drittens wurden die Verurteilten im Fall eines Schuldspruchs nicht aus Rache oder Mordlust des Richters, sondern vom Priester symbolisch den Göttern zum Opfer gebracht.

Die verschiedenen Hinrichtungsarten spiegelten die „heilige Handlung" wider: Hängen war ein Opfer an den Windgott, Rädern und Verbrennen eines an den Feuergott, Ersäufen oder Eintauchen in den Wasserbottich ein Opfer an den Wassergott. Durch diese Opferung war das Verbrechen gesühnt und der jeweilige Gott der Gemeinschaft wieder wohlgesonnen. Geköpft mit dem Schwert wie bei den Römern wurde bei den Germanen nicht, denn das Schwert war heilig und durfte mit dem Blut eines Verbrechers nicht verunreinigt werden. Geköpft wurde daher mit der Hacke, im mittelalterlichen Wien mit dem Henkersbeil.

Folter der 1. Ordnung –
die Daumenschraube

DIE HINRICHTUNG – EIN ÖFFENTLICHES SCHAUSPIEL

Hinrichtungen pflegte man innerhalb der Stadtmauern auf den Plätzen auszuführen. Erst nach der Zweiten Türkenbelagerung 1683 wurden sie außerhalb der Stadtmauer vollzogen, denn erst dann war das Land rundherum sicher vor Überfällen und daher wieder bewohnbar. Aber warum wurde öffentlich gehängt, geköpft und geviertelt?

„Zuallererst wegen der Abschreckung, die Leute sollten sehen: Unrechtes Tun tut selten gut. Dann natürlich auch, um den Leuten ein Schauspiel zu liefern: Eltern brachten ihre Kinder, setzten sich diese auf die Schultern, damit ihnen nichts entgehen sollte. Eine Hinrichtung hatte früher Volks-

Die Spinnerin am Kreuz: Die letzte öffentliche Hinrichtung bei dieser gotischen Lichtsäule fand 1868 statt.

festcharakter. Aber es gab noch andere Gründe: Die Rechtssicherheit, man wollte möglichst viele Zeugen dabeihaben. Und die Sicherheit überhaupt: Denn außerhalb der Stadtmauern gab es zahlreiche Räuberbanden, denen es ihrerseits ein Volksfest gewesen wäre, einen Delinquenten dem Henker zu entreißen", weiß die Stadthistorikerin DDr. Anna Ehrlich.

Die letzte öffentliche Hinrichtung bei der „Spinnerin am Kreuz" fand 1868 auf dem Hügel vor der Wiener Stadtgrenze, im heutigen Bezirk Favoriten, statt. Ein gewisser Georg Ratkay war der zum Tode durch den Strang verurteilte Raubmörder.

„250.000 Menschen waren dort zusammengeströmt, Tribünen waren errichtet worden, es gab Henkersgulasch und Galgenwein und die Prostituierten verdienten prächtig hinter den Wänden der Buden. Die Leute drängten so sehr, dass es mehrere Verletzte gab, die Tribünen einstürzten. Es soll sogar einen Toten gegeben haben. Als die Wachen den Delinquenten vorführten, wollten die Leute Souvenirs von ihm abreißen, das Militär musste zur Sicherheit ausrücken. Selbst noch als Ratkay bereits am Galgen hing, wollten die Leute Teile seines Körpers beziehungsweise seiner Kleidung als ‚Amulette' von ihm an sich nehmen, da diesen Erinnerungsstücken magischer Charakter zugeschrieben wurde. Es kam zu schrecklichen Szenen. Als man Kaiser Franz Joseph davon berichtete, schaffte er aus eigener Machtvollkommenheit die öffentlichen Hinrichtungen ab", erzählt DDr. Anna Ehrlich bei den beliebten Stadtführungen zum Thema „Mörder, Hexen, Henker".

Im Keller des einstigen Stadtgefängnisses schmachteten die Inhaftierten.

Die Hinrichtung von Enrico Francesconi im Jahr 1876, der die Gäste des „Haciendahof"-Hotels am Graben beraubt und getötet hatte, war die erste nicht öffentliche in Wien. Sie fand im Wiener Landesgericht im sogenannten „Galgenhof", dem Hof des Spitalstrakts, statt. Damit war der letzte Rest des germanischen Strafrechts, die Öffentlichkeit der Strafe, verschwunden.

DAS STADTGEFÄNGNIS ODER MALEFIZSPITZBUBENHAUS

In der Geschichte Wiens wird seit 1341 ein Henker- oder Schergenhaus erwähnt. In einer Urkunde aus dem Jahr 1422 wurde das damalige Hauptgefängnis als „Malefizspitzbubenhaus" bezeichnet. Üblicherweise wurden Missetäter in den Befestigungstürmen inhaftiert, insbesondere im Kärntnertorturm. Aber auch im Burggraben gab es Gefängnisse, finstere und feuchte Kasematten. Als die Befestigungen erneuert und dabei die Türme abgetragen wurden, erbaute man 1608 ein eigenes Gefangenenhaus in der Himmelpfortgasse mit der Konscriptionsnummer 933, heute Rauhensteingasse 10, das „Criminalgefängniß". Auch eine Kapelle zum Heiligen Kreuz befand sich hier. In einer Urkunde aus dem Jahr 1700 heißt es: „das Ambthaus, worinnen die Malefiz-Persohnen verwahrt werden und der Freymann seine Wohnung hat."

Allerdings war das Haus bereits 1722 baufällig und sollte auf kaiserlichen Befehl abgerissen und neu errichtet werden. Der gerufene Baumeister und seine Gesellen wollten den Auftrag jedoch nicht ausführen, weil sie ein „unehrbares" Gebäude nicht berühren wollten. Erst als der Magistrat mit seinem Amtsstab sowie der Meister und die Gesellen mit ihrem Werkzeug drei Streiche an das Haus ausführten, war dieses „ehrlich und frei gesprochen" und konnte abgerissen werden. Über den Neubau an derselben Stelle berichtete ein Chronist, er sei *„von einer sonderbaren Erfindung, indem die meisten Criminal-Gefangenen unter der Erden, in absonderlichen Kerkern, welche zur besseren Sicherheit inwendig mit dicken, harten Pfosten-Läden ausgetäffelt, können versichert aufbehalten werden, so ja nicht Menschen möglich, daß jemand allhier nunmehro wie vorhin, durch so vielfältiges starkes Holzwerk, eiserne dicke Gegütter und Thüre sollte durchbrechen können."* Diese unterirdischen Arrestzellen sind baulich noch vorhanden und werden heute als Kellerabteile der Hausparteien verwendet. Auf dem Dach befand sich ein kleiner Turm, in dem das „Arme-Sünder-Glöckchen" hing. Bis 1785 bestand dieses Arresthaus, das von der Bevölkerung gemieden wurde, und „Gegenstand heimlicher Scheu (war), da hier die schauderhafte peinliche Frage der Tortur geübt wurde", wie es in der Chronik heißt. Danach wurde es zu einem Privathaus umgebaut.

An keinem anderen Ort Wiens traten Grausamkeiten so geballt auf wie hier. Unvorstellbares Leid spielte sich hinter den Zellenwänden im Keller

des Hauses ab. Dieses Kellergewölbe ging nicht nur mehrstöckig in die Tiefe, sondern reichte auch bis unter die benachbarten Häuser. Hier wurden
die Gefangenen „peinlich befragt", das heißt gefoltert, bis sie die gewünsch-
te Antwort gaben, nämlich ihr angebliches oder tatsächliches Verbrechen
begangen zu haben. Nur zu gut verständlich, dass manche der bedauernswerten Opfer den Freitod der Folter vorzogen. So stürzte sich eine der He-
xerei verdächtige Frau in den Brunnen des Schergenhauses. Diese Gasse
umweht bis heute der Hauch des Todes. Nicht nur Mozart verstarb aus noch
immer nicht ganz geklärter Ursache im Alter von nur 35 Jahren im Haus
Rauhensteingasse 8. Auch ein im Jahr 2011 verübter Mord im Haus Nr. 7
war lange Zeit das Stadtgespräch in Wien.

Brunnenschacht Rauhensteingasse 4: Manche der Gequälten zogen den Freitod der Folter vor.

MEIN TIPP

Das Malefizspitzbubenhaus, 1., Rauhensteingasse 10, ist ein privates
Mietshaus und nicht öffentlich zu besichtigen. Der Brunnenschacht kann
durch eine Glasplatte im Eingang des Hauses Nr. 4 „Buchhandlung zum
Rauhen Stein" besichtigt werden.

GEHÄNGT – GERÄDERT – GEVIERTEILT

DER WEG DER VERURTEILTEN

Sobald der Tag der Hinrichtung kam, wurden die Verurteilten aus dem Schergenhaus abgeholt und durch das Armesündergässel, die heutige Liliengasse (das Stift Lilienfeld hatte dort Grundbesitz), geführt. Von hier sah der Delinquent den Stephansdom ein letztes Mal. Hier konnte er noch einmal beten und Abbitte leisten. Dann teilte sich der Weg: Zum Verbrennen ging es hinaus auf die Gänseweide, zum Ersäufen zur Schlagbrücke am heutigen Schwedenplatz und zu den anderen Hinrichtungsarten zum Hohen Markt. Nach dem letzten Türkenkrieg 1683 führte man insbesondere Schwerverbrecher auf die Galgenbühel vor die Stadttore, wie zum Rabenstein am Schlickplatz oder zur Spinnerin am Kreuz. „Verbrannt wurde im Osten vor der Stadt, denn ein Scheiterhaufen stinkt jämmerlich und in Wien weht immer Westwind", weiß die Stadthistorikerin DDr. Anna Ehrlich. Alles, was übel roch, verbannte man dorthin, so auch die Abdecker und die Gerbereien. Über den Aashaufen kreisten die Geier und Raben, daher nannte man die Gasse der Abdecker Rabengasse, heute Beatrixgasse. Die Gerber arbeiteten an der Weißgerberlände mit Urin. Dort lag die Gänseweide, wo viele Menschen den Tod in den Flammen fanden.

Ein letzter Blick zum Dom auf dem Weg zur Hinrichtung

DIE SCHRANNE AUF DEM HOHEN MARKT

Der Hohe Markt war der Hauptplatz des mittelalterlichen Wiens und daher Sitz des Gerichts, der sogenannten „Schranne". Laut dem etymologischen Wörterbuch stammt es vom mittelhochdeutschen Wort *schranne* (Tisch/Bank, auch Gerichtsbank) beziehungsweise vom althochdeutschen *scranna* (Stuhl, Bank). Das Wort ist seit dem 9. Jahrhundert belegt. Von der alten Schranne sieht man heute nichts mehr, ihre Grundmauern sind jedoch im Eckgebäude des Durchgangs vorhanden. Am Hohen Markt stand auch ein Pranger für die sogenannten „Schandstrafen". Das waren kleinere Vergehen, für die man öffentlich zur Schau gestellt und dem Spott ausgeliefert wurde. In Wien gab es drei Pranger, einen am Neuen

Der Hohe Markt im Mittelalter mit der Schranne (Relief im Durchgang zur Landskrongasse)

Markt, einen am Graben und eben jenen am Hohen Markt. Erhalten haben sie sich nicht, man muss sie sich so vorstellen wie die Prangersäulen mit der Schwerthand und der Eisenkugel, die in Niederösterreich heute noch vorhanden sind.

DER LOBKOWITZPLATZ

Der heutige Lobkowitzplatz war einer der ekelhaftesten Hinrichtungsorte. Hier fanden die Enthauptungen statt. In alter Zeit pflegte man auf diesem Platz Schweine zu verkaufen: lebend Vieh, das erst vor Ort geschlachtet und zerteilt wurde. Wie erbärmlich müssen die Tiere bei der Schlachtung gequietscht und geschrien haben, und erst der Gestank! Wo fing man das Blut auf? Wohin mit den Gedärmen? Das Schweineblut floss in Strömen und mischte sich mit dem Menschenblut der Geköpften. Strafverschärfend war das Wissen, dass der eigene Kopf in den Schweinemist rollen würde. Oft genug wurden den Verurteilten auch noch beide Hände oder Füße abgehackt, bevor der Henker sich dem Kopf widmete. „Die Zuschauer johlten und applaudierten, tranken Henkerswein und stärkten sich mit Brezen und grober Wurst, und die Hübschlerinnen konnten den Männern unauffällig im Gedränge nahekommen", so Stadthistorikerin Ehrlich.

34

DIE WEISSGERBERLÄNDE

Die Gänseweide am Donauarm entlang der Weißgerberlände war jahrhundertelang der Platz der Verbrennungen. Obwohl es nur einen einzigen Fall von Hexenverbrennung hier gab, wütete die Inquisition auch in Wien. Am 27. September 1583 wurde die 70-jährige Elsa Pleinacher hinaus auf die Gänseweide geschleift und dort im Beisein des Bischofs und des hohen Gerichts sowie einer Unmenge begeisterten Volkes verbrannt. Was ihr zur Last gelegt wurde und was sie nach wiederholter schwerer Folter schließlich „gestanden" hatte war: (zauberischer) Mord an ihrem Ehemann und einigen ihrer Kinder, Teufelsbuhlschaft, Teilnahme am Hexentanz, vor allem aber die „Verhexung" ihrer Enkelin Anna, die an einer psychisch bedingten Anfallkrankheit litt (und durch Exorzismus angeblich geheilt wurde).

Die Scheiterhaufen loderten aber nicht nur für Hexen, sondern für jeden des magischen Zaubers Verdächtigen und für jede Art von Verstößen gegen die katholische Religion. Als solche wurde bereits die Ausübung einer anderen Religion gewertet. Eines der fürchterlichsten Verbrechen geschah im Namen der Religion an den Wiener Juden. Am 12. März 1421 wurden hier 110 Juden auf dem Scheiterhaufen verbrannt und ihre Asche in die Fluten der Donau geworfen. Sie waren wegen eines angeblichen „Hostienfrevels" 1420 in Enns zum Tod verurteilt worden.

DER SCHWEDENPLATZ

Der Wasserplatz an der Schlagbrücke, heute Schwedenplatz, beziehungsweise in der Rossau war der Schreckensort, wo Verurteilte ertränkt wurden. Auch hier hielt sich der Nimbus eines Unglücksortes bis in unsere Zeit. Die Rossauerkaserne, im 19. Jahrhundert hier am Donaukanal errichtet, ist heute das Anhaltezentrum für Untersuchungshäftlinge und Asylwerber. 1938 entstand auf dem nahen Morzinplatz die Gestapozentrale, die als „Vorhölle des Todes" bezeichnet wurde.

An nicht zum Tode Verurteilten wurde hier die Ehrenstrafe vollzogen, zum Beispiel das wiederholte Eintauchen in den Strom, auch „Bäckerschupfen" genannt. Das war eine Strafe für Bäcker, die das Mehl mit Gips oder anderen Produkten streckten. Es war gesetzlich festgelegt, wie viel Mehl für ein Brot verwendet werden musste und wie schwer dieses zu sein hatte. Der betrügerischer Bäcker wurde in einen Korb gesteckt, dieser an einer Stange befestigt und auf und nieder getaucht, sooft es der Richter befahl. Nicht selten sind dabei Unfälle passiert, der Bäcker ertrank. Das war eigentlich nicht Sinn der Sache, denn das „Bäckerschupfen" war zwar eine harte Strafe und Warnung, aber keine Hinrichtung.

DER SCHLICKPLATZ

Der Rabenstein, heute Schlickplatz im 9. Bezirk, gehörte zu den ältesten Richtstätten Wiens, die außerhalb der Stadtmauer entstanden. Hier wurden Schwerstverbrecher geviertelt, gerädert und gehängt. Der Name Rabenstein leitet sich ab von den aasfressenden Raben, die um die Richtstätte kreisten und die Kadaver der Gehängten fraßen. Heute erinnert nichts mehr an diesen Schreckensort. Der Name Schlickplatz besteht seit 1872, benannt nach dem General der Kavallerie Franz Heinrich Graf Schlick zu Bassano und Weißkirchen (1789–1862), dessen Palais genau an jener Stelle errichtet wurde, wo der Rabenstein stand. Schlick kämpfte 1809 bei Aspern und Wagram.

DIE „SPINNERIN AM KREUZ"

Die „Spinnerin am Kreuz", eine gotische Lichtsäule auf der höchsten Erhebung vor der Tiefebene des Wiener Beckens, markierte die äußerste Grenze der Wiener Stadtgerichtsbarkeit. In unmittelbarer Nähe befand sich das Hochgericht, wo bis ins 19. Jahrhundert öffentliche Hinrichtungen durch den Galgen oder das Rad erfolgten. Beim Bau des George-Washington-Hofes, einer Wohnhausanlage der Gemeinde Wien, wurden 1927 unzählige Skelette verscharrter Gehenkter gefunden. Die letzte öffentliche Hinrichtung in Wien an dieser Stelle wurde wie erwähnt am 30. Mai 1868 an Georg Ratkay vollzogen. Die Säule wurde immer wieder durch kriegerische Handlungen und Überfälle der Türken zerstört, aber genauso oft restauriert und wiedererrichtet.

SIMMERINGER HAIDE:
TÜRKENLAGER – HINRICHTUNGSPLATZ –
NS-LAGER – KZ-AUSSENSTELLE

Das große flache Gebiet mit seinem eher unfruchtbaren Boden war noch zur Zeit des Mittelalters größtteils mit Wald bedeckt. Während der ersten Wiener Türkenbelagerung im Jahre 1529 wurde das Gebiet von den Osmanen als Zeltlager benutzt und sonst als Weidegebiet verwendet. Später diente die Simmeringer Haide als Übungsgelände für das Militär. Hier wurden vor allem Schießübungen, auch mit Kanonen, durchgeführt, woran heute noch der Straßenname „Schußlinie" erinnert. Ob der Attentäter János Libényi (hingerichtet am 26. Februar 1853) der Einzige war, der auf der Simmeringer Haide hingerichtet wurde, ist nicht bekannt. Der Ort seiner Hinrichtung ist jedoch nur durch ein Lied überliefert, es fehlen dokumentarische Beweise.

Der Wiener Historiker Dr. Marcello La Speranza, Experte für Hinterlassenschaften aus dem Zweiten Weltkrieg, beschreibt das Simmeringer KZ-Nebenlager, das während der Zeit des Nationalsozialismus dort errichtet wurde: „Auf der Simmeringer Haide, und zwar in der 2. Haidequerstraße, befand sich während des Zweiten Weltkrieges ein Barackenlager für Kriegsgefangene und Zivilinternierte bis Sommer 1944. Vom 20. August 1944 bis 1. April 1945 war dieses Lager dann das KZ-Nebenlager ‚Saurer-Werke' mit bis zu 1480 Häftlingen unter dem Kommando von SS-Hauptsturmführer Johann Gärtner. Nach dem Krieg diente das Lager der österreichischen Staatspolizei als Unterbringungsort für NS-Angehörige und Kriegsverbrecher." Heute erinnert eine Gedenktafel an diesen Ort des Grauens.

Folterinstrument der 2. Ordnung: die Streckbank

MEIN TIPP

Seit 1981 erinnert ein Gedenkstein mit Tafel auf der Simmeringer Haide in der Haidestraße/Ecke Oriongasse daran, dass sich an diesem Ort das Nebenlager „Saurer-Werke-West" des KZ-Mauthausen befand.

Foltermuseum im Esterhazypark, 1060 Wien.
Geöffnet täglich 10.00–18.00 Uhr.
www.folter.at

Katakomben, Pest und Totengräber

NEKROPOLE UNTER WIEN

1., STEPHANSPLATZ

Vorherige Seite:
Die Franziskaner-
gruft – bemalte Särge
in den unterirdischen
Gewölben erinnern an
die Vergänglichkeit des
Lebens.

DER STEPHANSFREYTHOF

Kaum jemand, der heute über den Stephansplatz geht, weiß, dass er über einen der ältesten Friedhöfe Wiens spaziert, den sogenannten „Stephansfreythof". Wie alt dieser Gottesacker ist, weiß man nicht genau. Vermutlich wurde er bereits nach der Einweihung der romanischen Stephanskirche im Jahre 1147 angelegt. Bis zu seiner endgültigen Schließung am 10. Mai 1732 war er der beliebteste und vornehmste Begräbnisort Wiens. Auf alten Plänen ist der Friedhof noch eingezeichnet, umzäunt und durch vier Tore betretbar. Mehrere Gräberfelder und Grabhügel umgaben den Dom. Einige davon kennt man mit Namen: Fürstenbühel, Studentenbühel und Palmbühel. Das größte Gräberfeld lag um die Maria-Magdalena-Kapelle, deren Grundriss heute am Straßenpflaster rechts vom Hauptportal des Domes markiert ist. Die Überreste der 1781 abgebrannten Kapelle wurden beim Bau der U-Bahn-Station Stephansplatz gefunden. Ihre Unterkirche, die Virgilkapelle, konnte vollständig ausgegraben werden und ist heute durch eine Glaswand zu sehen.

Die Katakomben des Stephansdoms – einst der beliebteste Begräbnisort Wiens

Im Laufe der Zeit rückten die Häuser immer dichter an den Friedhof und den Dom heran. Vor dem Haupteingang, dem Riesentor, stand eine schmale Häuserzeile, wo der Mesner, der Totengräber, der Kirchenschließer und die Sänger wohnten. Auch an der Südseite schlossen die Häuser direkt an die Maria-Magdalena-Kapelle an. Kleine Hütten schmiegten sich an die Häuser, Verkaufsstände für Kerzen, Blumen, Heiligenbilder und vermutlich auch Speisen- und Getränkebuden.

Schon 1529, dem Jahr der ersten Türkenbelagerung, wollte man den Friedhof auflassen. Die hygienischen Zustände waren nämlich unerträglich. Es war mehr ein Ort des Grauens als ein Ort des Friedens. Der Friedhof war überbelegt, die Leichen waren zu wenig tief vergraben und wurden zu früh exhumiert. Aus Platzmangel wurden erst halb verweste Leichname ausgegraben, in die Katakomben des Doms überführt und dort eingemauert. Ein zeitweiliges Begräbnisverbot half wenig, die Friedhöfe außerhalb der Stadtmauern waren von den Osmanen verwüstet worden und daher unbrauchbar. Dazu kam, dass die Wiener Bürger und die Honoratioren vorzugsweise nahe dem Dom begraben sein wollten. Nachdem aber die hygienischen Verhältnisse nach 200 Jahren buchstäblich zum Himmel stanken, ließ Kaiser Karl VI. im Jahr 1732 den Stephansfreythof endgültig sperren. Ab diesem

41

Zeitpunkt gab es keine Erdbestattungen mehr. Bis zur endgültigen Auflösung des Friedhofs im Jahre 1783 fanden Bestattungen nur noch in den Grüften von St. Stephan statt. Da nach der Sperre des Friedhofs die Gruftanlagen aber bald ebenso überfüllt waren, mussten diese „Crufften" systematisch bis auf die heute noch existierende Ausdehnung erweitert werden.

DIE SAGENHAFTE TOTENSTADT

Die Katakomben von St. Stephan sind nicht nur die größten, sondern auch die geschichtsträchtigsten und am meisten legendenbehafteten Gruftanlagen Wiens. Der Name „Katakomben" wurde erst Ende des 19. Jahrhunderts gebräuchlich, vorher nannte man sie „Crufften". Eine Unzahl von Sagen, Legenden und Gruselgeschichten existiert bis heute über diese größte Totenstadt Wiens. Nicht nur Tod und Teufel, sondern auch Banknotenfälscher, Geheimbündler, Freimaurer und Umstürzler sollen die Katakomben für ihre geheimen Aktivitäten genützt haben. Im Zweiten Weltkrieg traf sich die Widerstandsgruppe O5 (für Österreich: O+E, der 5. Buchstabe des Alphabets) in den unterirdischen Gewölben.

Die Vorstellung von der ungeheuren Ausdehnung und Tiefe der Katakomben hält sich bis in die heutige Zeit. Aktuellen Plänen zufolge nehmen die Katakomben nur den Platz unter und um den Dom ein. Allerdings sind die Verbindungsgänge zu und von den angrenzenden Häusern heute noch vorhanden und teilweise beschriftet. Diese und noch weitere vermauerte Zugänge zählen jedoch ebenfalls zur riesigen, unterirdischen Totenstadt. Zwei Kellergeschosse sind bekannt, ein drittes wird vermutet. Dieses soll durch Grundwassereinbruch nicht mehr betretbar sein. Nach 1873 wurden durch den Bau der ersten Wiener Hochquellenwasserleitung die Hausbrun-

Berge von Knochen –
10.000 Tote liegen in
den Kirchengrüften
unter der Stadt.

nen immer weniger benutzt und der Wasserspiegel stieg kontinuierlich an. Angeblich liegen auch Pestleichen unversehrt und wasserkonserviert in ihrem kühlen Grab. Diese und andere Horrorszenarien werden gerne in den Medien kolportiert.

Eine weitere unausrottbare Stadtlegende ist die Behauptung, es stinke aus den Katakomben bis in die U-Bahn-Station. Die Wiener Stadtwerke versuchten der Sache auf den Grund zu gehen. Es stellte sich heraus, dass der üble Geruch auf ein Bodenverfestigungsmittel organischer Basis zurückzuführen ist, das beim Bau der U-Bahn-Linie U1 verwendet wurde. Die entstehende Buttersäure sickert mit dem Grundwasser in die Station und die Umgebung ein. Die U-Bahn-Station Stephansplatz wird seither „beduftet", das heißt, mit wohlriechenden Essenzen besprüht. Trotzdem stinke es weiter in der Station und auf den Bahnsteigen, behaupten die Passanten. Die *Wiener Ärztezeitung* berichtete über den Grund des Katakomben-„Geschmachs" früherer Zeiten. In dieser unterirdischen Nekropole wurden nicht nur Wiener Bürger begraben, sondern auch die exhumierten Toten des aufgelassenen Stephansfreythofs. Bis 1783 wurden 10.000 Leichen dort begraben. Erst nachdem eine Gruft voll belegt war, wurde sie verschlossen. Bis zur Abmauerung dauerte es nicht selten ein Jahr, sodass die Verwesung der Leichen bereits eingesetzt hatte. Der Gestank drang sogar durch den Bodenbelag des Domes, der daraufhin gesperrt werden musste. Erst 1783 unter Kaiser Joseph II. wurden Katakombenbestattungen endgültig verboten. Die Kirche beantragte zwar, das Verbot zurückzunehmen, da die Einnahmen aus Bestattungen ausfielen, aber der Kaiser blieb hart und die Katakomben geschlossen.

HORRORKABINETT UND SCHRECKENSORT

Heute kann man sich diese widerwärtigen Zustände nicht mehr vorstellen. Halb verweste Leichen, Gestank, Bakterien, Horrorkabinett und Schreckenskammer in einem. Und gerade dieser Horror faszinierte die Menschen bereits vor fast 200 Jahren. Damals begannen die schaurigen Katakombenführungen. Nur mit flackernden Kerzen ausgerüstet, stiegen die Besucher über eine wackelige Leiter hinab zu den Toten. Der älteste Bericht über eine derartige Gruselführung stammt von der englischen Reisenden Frances Trollope, die im Dezember 1836 die Wiener Katakomben besuchte:

„Wir erreichten eine große viereckige Gruft, wo unser Führer haltmachte und uns, indem er das Licht niedrig hielt, auf dem Boden, der von ungeheuren Massen widerlichen Moders hügelig war, eine Menge ganz nackter Leichen, ohne Särge und in jeder Stellung, zeigte, wie sie der Zufall nur hatte bewirken können ... Nachdem unser Führer uns Zeit gelassen hatte, uns umzusehen und die ganze abscheuliche Szene zu überblicken, fasste er einen dieser kläglichen Überreste eines menschlichen Wesens an der Gurgel, hob die Leiche

vor unseren Augen empor, ließ sie vor uns aufrecht stehen, schwenkte dabei seine Fackel so, dass wir sie in ihrer ganzen Hässlichkeit sehen konnten, und verbreitete sich dabei über ihre Höhe und guten Proportionen, dann ließ er die rasselnde Leiche vor unseren Augen hinfallen, hob eine andere auf, sagte, dass sie ein Frauenzimmer wäre, erhob dann eine dritte, stützte sie mit der Hand, womit er das Licht hielt, gegen seinen Körper und riss mit der anderen lange Streifen der vertrockneten Haut auf, um zu zeigen, wie zäh sie sei."

Von hier strömte der „Katakomben-Geschmach" in die U-Bahn-Station.

Mrs. Trollope sei daraufhin ohnmächtig geworden, wie sie weiter erzählte. Auch der österreichische Dichter Adalbert Stifter schlich sich heimlich mit fünf Freunden 1841 in die Katakomben. Danach berichtete er, dass er „bis ins Innerste erschüttert war, weil das Höchste und Heiligste dieser Erde, die menschliche Gestalt, ein wertloses Ding wird, hingeworfen in das Kehricht, dass es liege, wie ein anderer Unrat". Heute besuchen bis zu 2000 Touristen täglich die Katakomben von St. Stephan. Die unterirdischen Gewölbe üben eine ungebrochene Faszination aus. Die Totenstadt unter dem Zentrum Wiens zählt zu den meistbesuchten Sehenswürdigkeiten der Stadt.

MEIN TIPP

1., Stephansdom Katakomben: Besichtigungen von Montag bis Samstag: 10.00–11.30 Uhr und 13.30 Uhr–16.30 Uhr; Sonn- und Feiertage: 13.30–16.30 Uhr (jeweils halbstündlich)

DER „SCHWARZE TOD"

Es war eine der schrecklichsten Pandemien, die jemals wütete: Von 1347 bis 1353 fielen geschätzte 25 Millionen Menschen allein in Europa (rund ein Drittel der damaligen Bevölkerung) der Pest zum Opfer. Damals war unbekannt, wer oder was für den „Schwarzen Tod" verantwortlich ist. So wurden Juden verdächtigt, durch Brunnenvergiftung die Epidemie ausgelöst zu haben, was wiederum in vielen Teilen Europas zu Pogromen führte. Später wusste man bereits um Hygiene und die Übertragung des Erregers über Ratten. Aber erst sauberes Trinkwasser und bessere Lebensumstände nahmen den Menschen die Angst vor der Seuche.

Heute kennt man den Erreger: Es war die mittelalterliche Variante des Bakteriums *Yersinia pestis*, die „Mutter aller Pesterreger". Seit der Entdeckung des Bakteriums im Jahr 1894 durch Alexandre Émile Jean Yersin gingen die meisten Wissenschaftler davon aus, dass diese Mikrobe der Erreger für den „Schwarzen Tod" war. Doch es gab auch Gegenstimmen: Die durch *Yersinia pestis* ausgelöste Krankheit sei zum einen auch unbehandelt weniger letal als die Pest des Mittelalters. Außerdem würden die beschriebenen Symptome wie auch die Ausbreitungsgeschwindigkeit nicht mit der Beulenpest übereinstimmen. Ein Forscherteam um den jungen deutschen Genetiker Johannes Krause von der Universität Tübingen konnte den Erreger bei Londoner Pestleichen isolieren und damit die ursprüngliche Vermutung bestätigen.

Der „Schwarze Tod" hielt auch reiche Ernte in Wien. (Arnold Böcklin, „Die Pest", 1898)

PESTGRUBEN, CHOLERAKREUZE, SEUCHENMARTERL

Auch in Wien hielt der „Schwarze Tod" immer wieder reiche Ernte. Die erste verheerende Pestepidemie wird für das Jahr 1349 überliefert. Kaum hatten sich die Menschen von der Türkenbelagerung des Jahres 1529 erholt, ereilte sie die nächste Katastrophe, die Pestepidemie von 1541. Ein Drittel der Bevölkerung soll dabei gestorben sein. 1679 fielen der „Großen Pest von Wien" rund 12.000 Menschen zum Opfer. Die Totengräber kamen nicht damit nach, die Leichen zu verscharren. Dann kam das Pestjahr 1713/14, das die nächste Generation dahinraffte. 77 Pestgruben soll es damals gegeben haben. Es müssen schreckliche Zeiten gewesen sein für die Bevölkerung in den Städten, die der ständigen Ansteckungsgefahr nicht entrinnen konnte. Der Kaiser und der Hofstaat brachten sich in Sicherheit, indem sie rechtzeitig die Hofburg verließen und in die jeweiligen Landschlösser flüchteten. Die Städter aber, zusammengepfercht in engen Behausungen und ohne sanitäre Einrichtungen, waren dem „Schwarzen Tod" schutzlos ausgeliefert. Schon 1349 hatte Herzog Albrecht II. die Anordnung erlassen, dass Pesttote außerhalb der Stadtmauer zu begraben seien. Nur genützt hat es wenig und daran gehalten hat man sich auch nicht immer. Sogar in den Katakomben des Stephansdoms sollen Pesttote beigesetzt worden sein. So wird es zumindest bei den Führungen erzählt.

„Deren von Häftlingen geschlichtete Knochen sind noch heute in seinen Katakomben zu sehen. Häftlinge wurden dazu angehalten, die Toten vor die Stadt zu karren, als Menschen bereits auf der Straße in Verwesung übergingen." Eine kürzlich beim Umbau eines Eckhauses der Elisabethstraße 5 und Kärntnerstraße 44 entdeckte Pestgrube beweist die Nähe solcher Friedhöfe an der Stadtmauer und direkt hinter den Stadttoren. Natürlich versuchten die Ärzte verzweifelt, den Menschen zu helfen. Es gab in Wien vier Spitäler, wo man die „Siechen" behandelte, sei es durch Aufschneiden der Pestbeulen, durch Aderlass oder durch Auflegen von Kröten(mixturen). Der Kampf war aber immer vergeblich. Gegen den „Schwarzen Tod" gab es kein Heilmittel.

PESTGRUBE UNTERM DESIGNHOTEL

Ein ungewöhnlicher Anblick bot sich den Bauarbeitern in einem Gründerzeithaus in der Elisabethstraße 5. Das Gebäude sollte 2010 zu einem Hotel umgebaut und vom Keller bis zum Dach generalsaniert werden. Die Arbeiter waren gerade damit beschäftigt, den Boden des zweiten Kellergeschoßes aufzustemmen, um Abflussrohre zu verlegen, als sie auf einen Hohlraum stießen. Nach der Freilegung erwartete sie eine Überraschung, auf die keiner gefasst war. Sie fanden eine Grube mit mehreren vollständig erhaltenen Skeletten. Die Schädel und Körper waren nach der Seite in die Erde gebettet. Kein Sarg, keine Beigaben, nichts, was auf eine sorgfältige Bestattung hindeutete. Man dachte deshalb sofort an ein Verbrechen, einen Mord mit verscharrten Leichen oder ähnliche Gräueltaten. Neugierig geworden über diesen Fund im Kellerboden, gruben die Arbeiter weiter und wurden an weiteren drei Stellen fündig. Auch hier waren Knochen, Schädel und Skelettreste im Boden verscharrt. Die Polizei stand vor einem Rätsel. Ein Gewaltverbrechen konnte sie weder ausschließen noch bestätigen. Daraufhin zog man die Experten der Wiener Stadtarchäologie bei, die bald die Lösung des Rätsels fanden. Es waren Pesttote, die man in einer Grube außerhalb der Stadtmauern beim ehemaligen Kärntner Tor zur letzten Ruhe gebettet hatte. Die Skelette wurden untersucht und im Anschluss auf dem Zentralfriedhof bestattet. „Werden sterbliche Überreste im Zuge von Bauarbeiten gefunden, dann werden diese in einer Sammelgrabstelle beigesetzt", erklärt die „Bestattung Wien". Das neue Hotel wurde also auf einer alten Pestgrube errichtet. „Gravierende Verzögerungen" habe es aufgrund der Skelette jedoch keine gegeben, betont die Geschäftsführung.

Die Elisabethstraße war den Wiener Stadtarchäologen wohlbekannt, denn
schon früher, nämlich in den Jahren 1995 und 1996, waren dort zahlreiche Gräber freigelegt und dokumentiert worden. Damals entdeckte man
in einem der Keller eine Seuchengrube, die wohl aus der Zeit der großen
Pestepidemie von 1521 stammen dürfte. Mit dem archäologischen Befund
der Skelette unter den Häusern der Elisabethstraße konnte nun endgültig
die Lage der Pestgruben auf dem Friedhof vor der Stadtmauer bestätigt

werden. Der unterste Horizont der Knochenfunde datiert aus der ersten großen Pestepidemie aus 1349. Darüber fand man den jüngeren Bestattungshorizont, vermutlich jenen aus der großen Pestepidemie von 1521. Im Jahr 1529 zerstörten die Türken den Friedhof. Im Jahr 1548 wurde er dann im Zuge des Ausbaus der Verteidigungsanlagen komplett eingeebnet.

PESTGRUBEN ALS SPUKORTE

Die Schachtgräber, Seuchengruben und Pestfriedhöfe waren damals gemiedene Orte. Angeblich seufzten die Verstorbenen oder riefen aus den Gräbern. Nachts wurden flackernde Lichter gesehen, die die Vorübergehenden nicht selten in die Irre führten. Ein solcher Spukort soll die Sensengasse am Alsergrund sein, früher hieß sie Totengasse. Der Name kommt nicht von ungefähr, die Gegend ist ein einziger Totenacker, der seit Urzeiten mit Tod und Vergehen in Verbindung steht. Es gab dort nämlich drei Friedhöfe, den Spanischen Friedhof, den Schottenfriedhof und den Lazarettfriedhof. Dieser Teil der Sensengasse war bis vor wenigen Jahren nicht verbaut und wurde als Universitätssportplatz verwendet. Heute stehen dort Wohnhäuser. Mancherorts errichteten die Menschen Pestkreuze oder Cholerakapellen auf diesen Orten des Grauens. Man bekreuzigte sich und sprach ein Gebet, wenn man daran vorüberging. Ein solches Pestkreuz wurde 1715 in Floridsdorf auf dem Hügel vor der Pfarrkirche St. Georg errichtet. Beim Cholerakreuz in Sievering soll der Sage nach zu mitternächtlicher Stunde immer wieder ein seltsam flackerndes Licht zu sehen sein. Eine besondere Pestgrube gilt jedoch nicht als Ort des Grauens, sondern ging in den Sagenschatz von Wien ein. Nämlich jene am Platz vor der Ulrichskirche im Bezirk Neubau, in die 1679 angeblich der „Liebe Augustin" fiel, in der er seinen allnächtlichen Alkoholrausch ausschlief und der er unversehrt entstieg, um seine Bänkelsängerkarriere fortzusetzen. Bis heute singen die Wiener Kinder das Lied „Oh du lieber Augustin, alles ist hin".

MEIN TIPP

Das *Motel One* „Staatsoper" mit 400 Zimmern ist ein Budget-Designhotel in bester Innenstadtlage.

Der Augustinbrunnen auf dem Kirchenplatz von St. Ulrich soll der Ort der Pestgrube sein, in die der „Liebe Augustin" fiel.

Die Pestsäule am Graben erinnert an die letzte Wiener Pestepidemie.

„KNOCHENARBEIT" IN DER FRANZISKANERGRUFT

1., FRANZISKANERPLATZ 4

Beim Umbau eines Hauses auf dem Franziskanerplatz in der historischen Altstadt ereignete sich der Albtraum jedes Bauherrn: Das Haus knickte unter der Last des Dachgeschossaufbaus ein und versank ungefähr einen Meter im Erdreich. Insider hatten allerdings vorher gewarnt. Der Franziskanerplatz ist nämlich zur Gänze unterminiert. Weinkeller, Grüfte und Gänge erstrecken sich mehrstöckig unter dem Platz. Aber auch Gruben mit Tausenden Pesttoten und mumifizierten Leichen aus dem 13. Jahrhundert befinden sich dort. Wo sind diese Gruben, Grüfte und unterirdischen Gänge? Kann man sie heute noch besichtigen? Autorin und Fotograf begaben sich in das Franziskanerkloster, um das Geheimnis zu lüften.

Ein gigantisches Totenreich im Bauch des Klosters: die Franziskanergruft

DAS KATAKOMBENLABYRINTH
UNTER DEM KLOSTER DER „GEFALLENEN MÄDCHEN"

Der Franziskanerorden kam im 15. Jahrhundert nach Wien, wo er in St. Theobald ob der Laimgrube (der heutigen Theobaldgasse) sein erstes Kloster errichtete. Dieses wurde 1529 von den Türken zerstört. 1589 überließ die Stadt den Brüdern das 1383 errichtete und damals bereits leer stehende Büßerinnenkloster zum hl. Hieronymus auf dem heutigen Franziskanerplatz. Es war jenes Kloster, in dem ehemalige Dirnen – zur Buße und Läuterung – Sozialdienst leisten mussten, bevor sie als „ehrbare Bürgerinnen" wieder in die Gesellschaft eingegliedert wurden. Die Franziskaner erbauten 1611 eine neue Kirche auf den gotischen Grundmauern und integrierten das alte Kloster in ihr neues, größeres Gebäude. So entstand ein riesiger Komplex, der sich noch heute vom Franziskanerplatz bis zur Seilerstätte erstreckt, entlang der Singerstraße auf einer Seite und der Weihburggasse auf der anderen. Der Klostergarten reichte einst bis an die Stadtmauer, also bis zur heute noch bestehenden Coburgbastei. Ein unterirdischer, bis zu vier Stockwerke tiefer Kellerbereich befindet sich unter dem gesamten Klosterareal und führt sogar unter den Franziskanerplatz und unter die umliegenden Häuser.

Dieses mehrstöckige unterirdische Reich war Ziel unserer Erkundungen. Pater Felix lud uns ein, dieses zu erforschen. Er führte uns durch einen langen Gang und die alte Sakristei bis zu einer Holztür. Dahinter führt eine steile Treppe in eine Gruftanlage, über deren Ausmaß man sich oberirdisch keine Vorstellung machen kann: ein mehrstöckiges Totenreich, ein Laby-

Ein heute verschlossener Geheimtunnel führt bis zum Stephansdom.

rinth aus unübersehbaren Hallen und Gängen. Die Gruft selbst besteht seit der Errichtung des Franziskanerklosters, jedoch wird angenommen, dass man schon viel früher, nämlich im Vorgängerkloster, Geistliche hier begraben hat. Ein Bischof aus dem 13. Jahrhundert und die Äbtissin des Büßerinnenklosters liegen ebenfalls unter den Toten. Hier wurden aber nicht nur geistliche Personen bestattet, sondern auch Bürger und Adelige. So stehen prunkvolle Metallsärge der Adelsfamilie Hoyos neben kunstvoll verzierten Holzsärgen von Bürgerlichen und auch solchen ohne Namen, die bereits morsch und zerbrochen auf dem Boden liegen. Die Särge sind über zwei Stockwerke verteilt, mehr als tausend Tote fanden hier ihre letzte Ruhestätte. Im Jahr 1739 wurden die Hauptgruft und sämtliche Nebengrüfte miteinander verbunden und bildeten bis zum Zweiten Weltkrieg jenes unterirdische Netzwerk, das die Wiener generell als „Katakomben" bezeichnen.

LUFTSCHUTZKELLER UND GEHEIMTUNNEL ZUM DOM

In diesen Katakomben saß die schutzsuchende Bevölkerung in den Bombennächten des Zweiten Weltkriegs. Die Gruft war als Luftschutzkeller adaptiert, ihre meterdicken Mauern boten relative Sicherheit vor Einsturz. Manch einer hat sich dort unten mit seinem Namen und dem Datum auf den Wänden verewigt. Die Inschriften bezeugen die Angst der Menschen, für immer unter den Toten verschüttet zu werden.

Bei der 2002 erfolgten umfangreichen Sanierung der Gruft entdeckte man einen Tunnel, der unter den Franziskanerplatz führt und Berichten zufolge bis zum Stephansplatz gereicht haben soll. Leider wurde der Sache nicht nachgegangen und der Zugang nach zwei Metern auf Wunsch der Patres verschlossen. In der entstandenen Nische steht nun eine lebensgroße Marienstatue. So werden wir nie erfahren, ob es tatsächlich einen Gang bis zum Dom gab und ob dieser als Geheim- oder Fluchtgang noch nach Kriegsende verwendet wurde. Auch in anderen, bis dahin unbekannten Seitengewölben fand man Särge mit mumifizierten Leichen aus der frühesten Epoche des Klosters, und es ist anzunehmen, dass noch mehr ungeöffnete Gänge vorhanden sind. Unter den Straßen Wiens schlummert also noch viel Geheimnisvolles, das der Erkundung harrt.

KNOCHENPUTZEN IM TOTENREICH

Als Napoleons Truppen im Jahr 1809 vor Wien standen, suchten seine Soldaten die Wiener Klöster und Kirchen heim und plünderten, was immer an Wertgegenständen zu holen war. Sie verschonten auch die Grüfte nicht, denn Edelmetall und Grabschmuck ließ sich immer zu Geld machen. So stürmten sie auch die Franziskanergruft und entwendeten, was sie finden konnten. Die verwüstete Gruft wurde daraufhin verschlossen und lange Zeit nicht betreten.

Hunderte sauber geputzte Totenschädel liegen Kopf an Kopf in den Regalen.

Die Toten schlummerten fast 130 Jahre in der modrigen Gruft, bis ein junger Franziskanerpater, Bruder Pius Fraberger, vor dem Zweiten Weltkrieg in das Totenreich hinabstieg, um es zu inspizieren. Was er vorfand, war ein Bild des Grauens. Er entdeckte zertrümmerte Särge, verstreute Knochen, mumifizierte Leichenteile – alles in einem wüsten Durcheinander und im Prozess des Verfalls befindlich. Die wenigen übrig gebliebenen Grabbeigaben aus Stoff oder Leder waren vermodert, Schimmel breitete sich über Wände und Boden aus. Es war ein erbärmlicher Anblick, der den Novizen nicht mehr losließ. Also suchte er bei seinem Oberen an, Ordnung in der Totenstätte schaffen zu dürfen. Er wollte es zu seiner Aufgabe, zu seinem persönlichen Dienst an der Gemeinschaft machen, die entweihte Gruft zu reinigen und die Toten würdig zu bestatten. Das wurde ihm gewährt und so stieg er täglich hinab in die Gruft und räumte in den Gewölben auf. Er entfernte den Staub der Jahrhunderte, reparierte Särge, putzte und stapelte die Knochen und sorgte für eine würdige Bestattung der geschändeten Toten. Vier Jahre lang, Tag für Tag, soll er diese „Knochenarbeit" verrichtet haben. Sein barmherziges Werk konnte er jedoch nicht vollenden, denn er holte sich bei seiner Arbeit eine schwere Infektion und starb am 4. Juni 1932 im jugendlichen Alter von nur 22 Jahren. Schock und Trauer über den Tod dieses selbstlosen jungen Paters waren so groß, dass die Gruft umgehend geschlossen und jeglicher Zutritt verboten wurde.

Nach dem Zweiten Weltkrieg kamen russische Soldaten ins Kloster, um wiederum alles zu plündern, was sich irgendwie zu Geld machen ließ. Als sie

Der prunkvolle Sarg einer Adelsfamilie steht neben...

die Gruft aufbrachen, erschraken sie beim Anblick der herumliegenden mumifizierten Leichen und ergriffen die Flucht. Hatten sich die Toten für die abermalige Ruhestörung gerächt? Erst in den 1990er-Jahren nahm sich wieder ein junger Franziskaner, Pater Elias Unegg, vor, Ordnung in die Gruft zu bringen. Er stapelte die Knochen und legte die Totenschädel fein säuberlich nebeneinander in Regale. Die Särge stehen nun in Reih und Glied und bieten ein friedliches Bild der Totenruhe. Kleine Durchgänge führen in Seitennischen, wo man offensichtlich nur die Holzsärge durchschob, um sie dort für ewige Zeiten ruhen zu lassen. Heute sind nur noch morsche Holzplanken und vermoderte Stoffbündel übrig. Hie und da stehen noch Schuhe auf dem Sargdeckel, so als ob der Verstorbene sie ausgezogen hätte, als er in den Sarg schlüpfte. Auch Pater Elias verbrachte Jahre mit der Säuberung der Gruftanlage. Selbst aus dem 25 Meter tiefen Brunnen barg er Unrat, der seit der Römerzeit dort deponiert

...dem Sarg eines Franziskanerpaters mit seinen vermoderten Sandalen.

worden war. Darunter waren Tonscherben, Porzellan, Glasphiolen und sogar Münzen. Die archäologisch interessante Sammlung kann man in einer Glasvitrine bewundern. Zum Glück erkrankte Pater Elias bei seiner „Knochenarbeit" nicht und konnte 1998 am Tag nach der Priesterweihe seine erste Messe in der neu eingesegneten Grabstätte feiern. So hatte Bruder Elias die „Knochenarbeit" von Bruder Pius nach 65 Jahren doch noch zu Ende gebracht.

MEIN TIPP

Heute ist die Franziskanergruft kein „Ort des Grauens" mehr.
Im Jahr 2002 wurde eine umfangreiche Renovierung durchgeführt.
Unter anderem wurden ein besuchertauglicher Zugang geschaffen und Heizung, Klimatisierung und Elektrizität eingeleitet. Eine Besichtigung ist nur nach Anfrage möglich.

DIE TOTENBRUDERSCHAFT

1., St. Augustin

Es muss ein schauriger Anblick gewesen sein, wenn die Mitglieder der Totenbruderschaft durch die Straßen und Gassen der Stadt zogen. Vom Richtplatz am Rabensteig führte die Prozession zum Armesünder-Gottesacker auf der Wieden. Auf einer Bahre trugen sie die Leichen der Hingerichteten mit sich. Vermummt und in schwarze Kutten gehüllt, boten sie ein gespenstisches Bild. So zogen sie mit gesenkten Köpfen, Gebete murmelnd, vor die Stadtmauer zum Ufer des Wienflusses. Hier befand sich einst der Friedhof für die Hingerichteten, die Selbstmörder und die Ärmsten der Armen, die sonst niemand bestattete. Religiöse Bruderschaften hatten sich dieser „Armen Sünder" angenommen, die man zuvor nur in ungeweihter Erde verscharrt hatte. Die Habsburger Kaiser förderten die Bruderschaften, weil sie im Sinne der Gegenreformation zur katholischen Durchdringung der Gesellschaft beitrugen.

Später wurde der Friedhof, der sich, begrenzt vom Karlsplatz, zwischen Argentinierstraße, Paniglgasse und Karlsgasse erstreckte, dem Bürgerspital zur Verwaltung übergeben, daher auch die Bezeichnung Bürgerspitalsfriedhof. Der bekannteste Tote, der hier begraben wurde, war der italienische Komponist Antonio Vivaldi, dessen „Vier Jahreszeiten" heute zu den meistgespielten Konzerten zählen. In Venedig aus der Mode gekommen, erhoffte sich Vivaldi Unterstützung vom musikbegeisterten Kaiser Karl VI. und reiste nach Wien. Doch Karl starb unerwartet und Vivaldi blieb verarmt und krank in Wien zurück. Nur zehn Monate nach seiner Ankunft starb er 1741 und wurde in besagtem Armengrab beerdigt.

Blick in die Loretokapelle, wo sich einst die vermummten Kapuzenmänner der Totenbruderschaft trafen.

SCHAURIGE BEGRÄBNISSE
AUF DEM „ARMESÜNDER-GOTTESACKER"

Zu öffentlichen Hinrichtungen drängte sich die Menge wie heute zu Sensationsprozessen im Gerichtssaal. Gehängte ließ man zur Abschreckung noch drei Tage am Galgen baumeln. Geköpfte, Geräderte und Gevierteilte jedoch trugen die Totenbrüder zum Armesünder-Gottesacker. Den vermummten Kapuzenmännern folgte eine sensationslüsterne Menge, die sich erst zerstreute, wenn der Tote samt der Bahre im Grab verschwunden war. Kein Priester sprach ein Gebet, kein Pfarrer war bei der Verabschiedung dabei. Weder Blumen noch Musik begleiteten sie in ihr ewiges Grab. Es waren ja ehrlose Sünder, deren Seelen erst durch die Läuterung im Fegefeuer zu Gott gelangen konnten. Schaurige Szenen spielten sich

Prospectus Sacelli S. Rochi ubi feralia officia peragbantur ante / Portam Carinthiacam a . Templum S. Caroli Borromai.   *Prospect des Burger Spitals-Gottes-Acker nebst der Capelle S. Rochi / vor dem Kärntner Thor a S. Caroli Borromai Kirche.*

Der „Armesünder-Gottesacker" vor der Karlskirche. Hier wurden die Hingerichteten begraben (Ansicht von Pfeffel, 1737).

bei dieser Art von Begräbnissen ab. Eine aufsehenerregende Hinrichtung am 4. April 1772, bei der es zu Tumulten der drängenden Menge und zu Toten kam, bot den Anlass, die Tätigkeit der Bruderschaft per Verordnung nur mehr auf den Tag nach der Exekution zu beschränken, und führte schließlich 1783 zu deren Auflösung durch Kaiser Joseph II. Der Gottesacker selbst wurde 1784 mit den anderen innerhalb des Linienwalls gelegenen Friedhöfen aufgelassen, die Friedhofskapelle zum heiligen Augustin wurde 1790 abgebrochen.

DIE TOTENBRUDERSCHAFT UND DIE GEORGSKAPELLE

Hinter der Gründung der „Totenbruderschaft" im Jahr 1639 stand Eleonore von Gonzaga (1598–1655), die Witwe Kaiser Ferdinands II. Sie förderte diesen religiösen Männerbund, dem man auch Geheimaktivitäten nachsagte. Die Mitglieder stammten aus bürgerlichen sowie adeligen Kreisen, ja sogar höchste Herrschaften stellten sich in den Dienst der geheimnisvollen Kapuzenmänner. Während ihres barmherzigen Einsatzes trugen sie bodenlange schwarze Kutten, darüber einen kurzen schwarzen Ledermantel. Auf dem Rücken prangte das kaiserliche Symbol, der goldene Adler, der ihnen von Kaiserin Eleonore verliehen worden war. Ihre Vermummung sollte der Anonymität dienen. Die Mönchskutte und die Kapuze, „Gugl" genannt, trägt heute noch der Geheimbund der „Guglmänner" in Bayern. Diese königstreue

Bruderschaft bezweifelt den Ertrinkungstod des bayrischen Königs Ludwig II. und macht für seinen vorsätzlichen Tod konspirative, politische Kreise verantwortlich.

Die Mitglieder der Wiener Bruderschaft agierten anonym, schweigend und wurden mit ihren schwarzen Umhängen selbst zum Synonym des Todes. „Sensenmann" oder „Butzemann" (von Kapuzenmann) wurden sie genannt. Ein deutsches Kinderlied beruht auf dieser Schreckfigur, der „Bi-Ba-Butzemann". Ihr geistlicher Vater war der berühmte Hofprediger Abraham a Sancta Clara (eigentlich Johann Ulrich Megerle, 1644–1709). Seine Kanzelreden sind legendär, unübertroffen in ihrer Brisanz und Ausdrucksstärke. Nicht nur den einfachen Gläubigen redete er mit drastischen Worten ins Gewissen, auch die hohen Herrschaften bekamen ihre Verfehlungen in der Sonntagspredigt oft mittels vulgärer Ausdrücke vorgehalten. Kaiser Ferdinand II. hatte der Bruderschaft die Georgskapelle der Augustinerkirche zu Andachtsübungen überlassen.

Die Georgskapelle im Hofburgareal neben der Augustinerkirche wird bereits in einer am 8. Juli 1337 von Friedrich und Ulrich von Wallsee ausgestellten Urkunde erwähnt. Ihr tatsächliches Entstehungsdatum ist nicht bekannt und reicht möglicherweise sogar bis in die Zeit der Auflösung des Templerordens 1312 zurück. Sie diente der aus regierenden Fürsten und Adeligen des In- und Auslands bestehenden „Rittergemeinschaft des heiligen Georg", die sich „Templaisen" nannten, bis 1400 als Versammlungsraum, aber auch als Sakralraum der klösterlichen Gemeinschaft der Augustiner. Die zweischiffige Kapelle ist etwa 20 Meter lang, elf Meter breit und zwölf Meter hoch. Ab 1634 diente die Georgskapelle den Mitgliedern der Totenbruderschaft als Versammlungs- und Gebetsraum, bis diese wie erwähnt unter Joseph II. aufgelöst wurde.

DER „TOTENTANZ" IN DER LORETOKAPELLE

Zu Neujahr 1663 erhielten die Mitglieder der Totenbruderschaft ein Emblembuch, das in Wort und Bild zum Gedenken an die Armen Seelen im Fegefeuer auffordert. Dabei waren Bilder und Texte auf besondere Weise miteinander verbunden – die drei Teile eines Emblems bezogen sich aufeinander und ermöglichten es, den verborgenen Sinn hinter dem oft rätselhaften ersten Eindruck zu erkennen. Jeder der 61 Kupferstiche des Em-

Detail aus dem Totentanz-Fresko im Eingang zur Loretokapelle

Gespenstisch tanzen
die Gerippe.

blembuchs stellt einen Schädel mit Gegenständen dar, die in hierarchischer Folge absteigend auf Ständevertreter und Charaktere hinweisen. Man nennt solche Zyklen einen „Totentanz". Als geistlicher Vater der Totenbruderschaft bei St. Augustin verfasste Abraham a Sancta Clara eine Chronik der Pestepidemie des Jahres 1679. Die Erstausgabe des Buchs umfasst knapp 400 Seiten, enthält acht emblematische Totentanzkupferstiche sowie ein Frontispiz mit der trauernden Personifikation der Stadt Wien. Um 1700 ließ er die Loretokapelle in St. Augustin mit einem umfangreichen Totentanz nach eigenen Entwürfen ausstatten. Erhalten sind nur noch die Fresken im Vorraum zur Kapelle. Gespenstisch wirkt der Tanz der Gerippe, die grinsenden Totenschädel flößen selbst heutigen Besuchern Unbehagen ein. Die Menschen in früheren Zeiten schauderten beim Anblick der überdimensionalen Skelette an den Wänden und Decken.

Eine Überlieferung aus dem frühen 19. Jahrhundert nimmt Bezug darauf: Eines Abends läuteten mehrere Knaben in der Augustinerkirche die Glocke, wobei sie plötzlich scheinbar die gespenstische Gestalt eines weißen Mannes mit drohender Gebärde auf sich zukommen sahen. Entsetzt ergriffen sie die Flucht, wobei einer sich am Fuße verletzte und die anderen schwer erkrankten. Wer war wohl diese furchteinflößende Geistererscheinung? Immer wieder wurde auch von Augustinermönchen von einer solchen Begegnung berichtet, bis zum heutigen Tag.

MEIN TIPP

1.,Karlsplatz: Der Arme-Sünder-Gottesacker ist nicht mehr erhalten. An seiner Stelle befindet sich der Resselpark mit dem Teich vor der Karlskirche. Hier wurde Antonio Vivaldi begraben, eine Gedenktafel befindet sich an der Technischen Universität.

1., Augustinerstraße: Die Georgskapelle neben der Augustinerkirche, der Sitz der ehemaligen Totenbruderschaft, ist nur zwei Mal jährlich anlässlich der Oster- und Adventmärkte öffentlich zugänglich. Die Fresken im Zugangsbereich können von April bis Oktober besichtigt werden.

SCHEINTOT
ODER WIEDERGÄNGER?

Allgegenwärtig war die Angst der Menschen in früherer Zeit vor dem Leben-dig-begraben-Werden. Eine schreckliche Vorstellung, die bei manchen Zeit-genossen sogar manische Züge annahm. Die Dichter Johann Nestroy, Edgar Allan Poe, Friederike Kempner, Hans Christian Andersen und auch Alfred Nobel hatten Angst davor. Nikolai Gogol verfügte in seinem Testament, dass der eingetretene Tod genau zu prüfen sei, bevor man ihn begrabe. Bei der Öffnung seines Grabes einige Jahre später machte man dennoch die schauri-ge Entdeckung, dass sein Körper auf der Seite lag. Offenbar war seine Angst nicht unbegründet gewesen und das Testament zu spät gelesen worden.

Die Minoritenkirche: Liegt in der Gruft ein Wiedergänger begraben?

DIE ANGST VORM LEBENDIG-BEGRABEN-WERDEN

Die Furcht, „scheintot" begraben zu werden, war nicht unbegründet, denn medizinische Instrumente zum Feststellen des Todes wie Elektroenzepha-logramm oder Elektrokardiogramm gab es damals nicht. Der Eintritt des Todes konnte nur durch empirische Methoden festgestellt werden. Nach glaubwürdigen Berichten sollen noch im 18. Jahrhundert zwei Prozent der Begrabenen noch nicht tot gewesen sein. Mit Schaudern lesen wir daher Berichte von Scheintoten, die wieder auferstanden sind. Fälle von lebendig Begrabenen werden erst bei archäologischen Ausgrabungen offenbar, wenn Leichen in verkrümmter Haltung aufgefunden werden. Um den Tod festzu-stellen, wandten die Ärzte und Totengräber im Mittelalter und der frühen Neuzeit skurrile bis brutale Methoden an. Die Pulskontrolle und eine Feder oder einen Spiegel vor den Mund zu halten, zählten dabei zu den sanften Hilfsmitteln. Auch Salmiak unter die Nase und brennende Flüssigkeiten auf der Zunge sollten den Toten vom Lebenden unterscheiden helfen. Heftiger waren dann schon Mittel wie heißer Siegellack auf die Haut träufeln oder mit glühendem Eisen brennen. Wer diese Tortur „überlebte", war gewiss nicht tot.

Aufgrund der immer wieder vorkommenden „Fehldiagnosen", erließen die Habsburger Kaiser Dekrete und Verordnungen, die genau regelten, wie der Todeseintritt zu konstatieren sei. Die heute gesetzlich vorgeschriebene amtliche Totenbeschau gab es bereits seit dem Beginn des 17. Jahrhunderts in Wien. Ohne Totenschein vom Totenbeschauamt durfte ab diesem Zeit-punkt keine Leiche mehr bestattet werden. Die Beschauer mussten die ge-

meldeten Todesfälle nach bestimmten „Kriterien" untersuchen. Diese waren freilich sehr ungenau und rein subjektiv. Unter anderem wurden Verfärbung der Haut und die charakteristischen Totenflecken als Todesnachweis gewertet.

Scheintot begraben zu werden war wohl die schrecklichste aller Todesarten. Eine Kaiserliche Verordnung Maria Theresias vom 31. Januar 1756 legte fest: „Kein Verstorbener darf innerhalb von 48 Stunden begraben werden", wobei für Pest- und Seuchentote eine Ausnahmeregelung galt. 1797 schrieb ein Hofdekret vor: „bewogen durch die schreckliche Vorstellung, dass mehrere Scheintote zur grausamen Marter lebendig begraben wurden, ist an der Hand einer jeden im offenen Sarg befindlichen Leiche eine Schnur anzubringen". Diese Schnur musste mit einer Glocke im Zimmer des Totengräbers verbunden sein. Ein nach diesem Prinzip konstruierter „Rettungswecker" war im Jahr 1828 vom Strafhausverwalter Johann Nepomuk Peter dem Währinger Friedhof gestiftet worden.

Der Rettungswecker schützte vor dem Lebendig-begraben-Werden.

DER WIEDERGÄNGER VOM MINORITENPLATZ

Die Gruft unter der Minoritenkirche war die bevorzugte Grablege des Wiener Adels. Auf dem ehemaligen Friedhof rund um die Kirche begrub man bürgerliche und arme Verstorbene. Beim Bau der U-Bahn-Linie U3 stieß man 1986 auf die Überreste von 92 Bestattungen unter dem alten Chor der Kirche. Alle lagen in Holzsärgen in Normallage auf dem Rücken mit über der Brust verschränkten Armen. Eine Bestattung fiel jedoch besonders auf: Das Grab I/86 enthielt einen Verstorbenen, der in einer sehr merkwürdigen Lage in seinem kühlen Grab lag.

„Aufgefunden wurde das beinahe vollständig erhaltene Skelett eines etwa 35-jährigen männlichen Individuums mit einer Körpergröße von etwa 1,7 m in gutem Erhaltungszustand. Das Skelett war als einzige Bestattung in der Krypta mit dem Kopf nach Osten orientiert. Der Mann lag am Bauch, die Schultern waren extrem nach oben gezogen, die Arme deutlich zur Seite gespreizt, der rechte Unterarm ruhte auf dem Rücken, die linke Hand unter dem Bauch, der Kopf ist stark in den Nacken gezogen und ruht auf der Kinnspitze. Die Beine sind im Knöchelbereich überkreuzt. Deutlich sichtbar war eine starke Verkrümmung des Rückgrates, welche auf eine starke Bewegung knapp vor dem Tode schließen lässt", beschrieb Dr. Reinhard Pohanka, ehemaliger Leiter der archäologischen Abteilung des *Wien Museums*, die Situation. Es stellte sich nun die Frage nach dem Grund der ungewöhnlichen Körperhaltung des Toten, da die Bauchhaltung bei christlichen Begräbnissen so gut wie nie vorkommt.

Pohanka wandte sich an eine Sargfabrik mit der Bitte, einen Unfall bei der Bestattung zu simulieren, um zu sehen, ob ein Toter in einem fallengelassenen Sarg vielleicht diese verkrümmte Körperhaltung einnehmen könne. Das Ergebnis des Experiments war negativ. Es sei trotz mehrerer Versuche nicht möglich gewesen, die Leiche (welche eigentlich?) auf den Bauch zu drehen, ganz zu schweigen von angewinkelten Armen und Beinen, ließ die Sargfabrik ausrichten. Da die Minoritengruft einer der besten Begräbnisplätze war, wurden hier keine „unehrbaren" oder „gefährlichen" Toten lebendig begraben oder eingemauert.

Pohanka vermutet daher einen vermeintlichen Wiedergänger im Grab I/86. „Die Vorstellung eines Begräbnisses einer Leiche auf dem Bauch liegend hängt hingegen oft mit der Angst vor dem Wiedergängertum des Verstorbenen zusammen und zählt zu den bekannten Bannriten in diesem Aberglauben. Grund der Maßnahme kann sein, dass man erhoffte, dass beim Wiedergänger der Mund, durch den die Seele nach alter Vorstellung nach dem Tode entweicht, bei der Bauchlage verschlossen bleibt und daher die Seele nicht entweichen kann. Volkstümlicher dagegen ist die Vorstellung, dass der am Bauch begrabene Wiedergänger durch die Bauchlage die Orientierung verliert und sich, statt nach oben ins Freie zu graben, immer tiefer in die Erde gräbt."

Nach sorgfältigem Abwägen kommt er zu folgendem Schluss: „Welche Theorie auch immer schlüssig sein mag, die Existenz von Grab 1/86 aus der Krypta der Minoritenkirche scheint ein fatales Zusammenspiel von medizinischem Irrtum und Aberglauben im Wien des 16. Jahrhunderts zumindest in den Ansätzen nachzuweisen."

MEIN TIPP

Bestattungsmuseum Wien, 11., Simmeringer Hauptstraße 234, Tor 2 (Haupteingang), Untergeschoss der Aufbahrungshalle 2.
Öffnungszeiten: Mo–Fr 9.00–16.30 Uhr, Sa/So und Feiertag geschlossen.
Kontakt: www.bestattungsmuseum.at

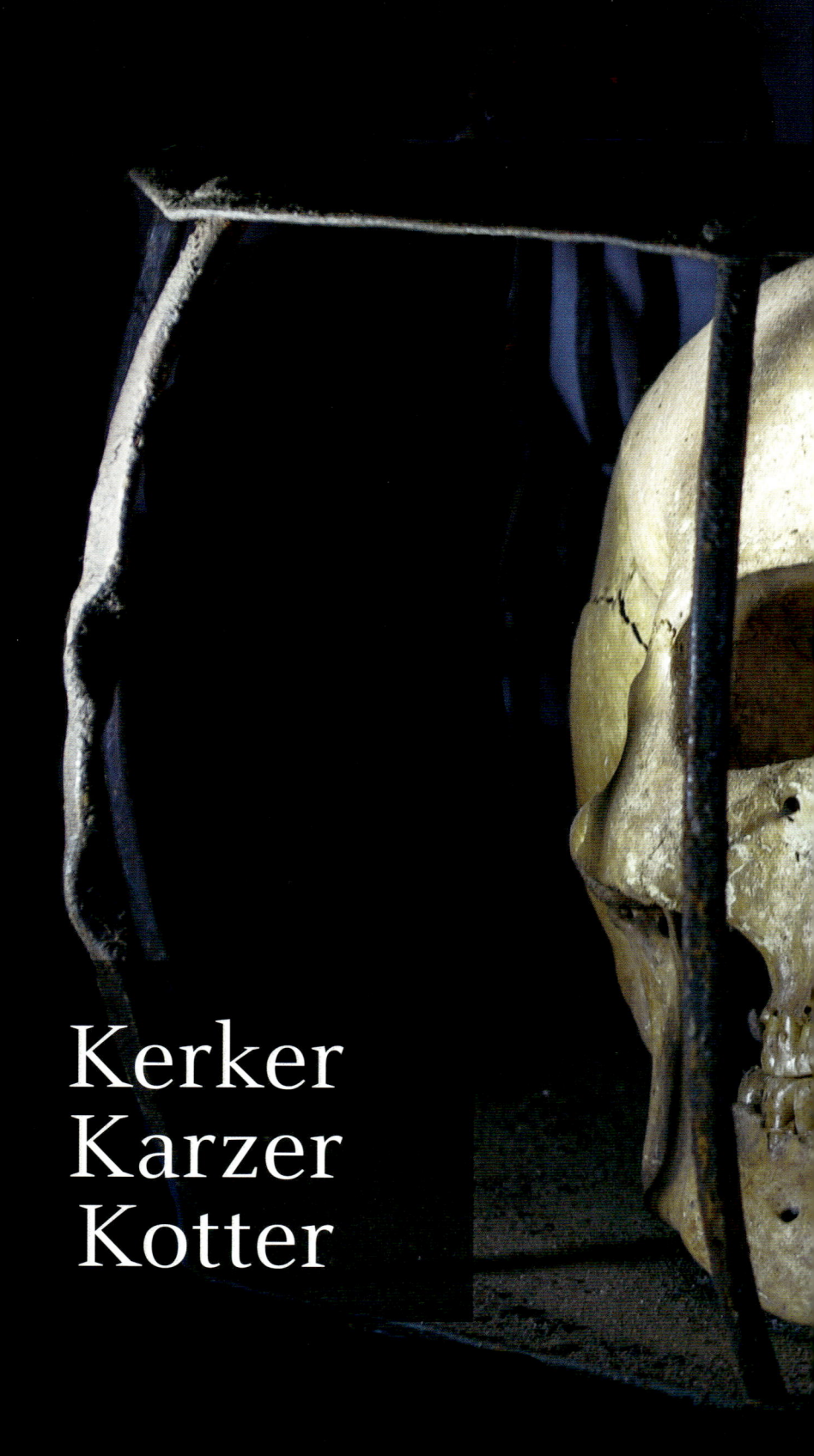

Kerker
Karzer
Kotter

KLOSTERKERKER –
SCHLIMMER ALS DER TOD

Die schlimmsten aller Gefängnisse waren die Klosterkerker, grausamer und elender noch als staatliche Arrestzellen oder Gemeindekotter. Unvorstellbare Gräuel spielten sich in den Kellerverliesen jener Häuser ab, in denen man Frömmigkeit und Barmherzigkeit wähnte. In der Zeit der Aufklärung gelangten im Zuge kirchen- und religionskritischer Schriften erstmals Berichte darüber in eine breitere Öffentlichkeit. Auch für Wien sind einige Fälle nachgewiesen. Am allerschlimmsten sollen die Franziskaner- und Kapuzinerkerker gewesen sein. So manch eingekerkerter Mönch suchte laut historischen Quellen den Freitod, um der unmenschlichen Pein des Karzers zu entgehen. Es herrschten so grauenvolle Zustände, dass Kaiser Joseph II. schließlich einschritt und die Priesterkarzer 1784 in der ganzen Monarchie verbot und die schuldigen Klöster schließen ließ. Aus zeitgenössischen Berichten erfahren wir, wie grauenvoll die Behandlung der Straftäter aus den eigenen Reihen der Priester und Mönche gewesen sein soll. Obwohl manche Schilderung übertrieben erscheint und als zeitgenössische „Mönchssatire" abgetan wird, liegt vermutlich mehr Wahrheit darin, als wir uns vorstellen können. Autorin und Fotograf begaben sich auf Spurensuche – und wurden fündig. In mehreren Wiener Klöstern sind die unterirdischen Gefängniszellen nicht nur vorhanden, sondern sogar baulich unverändert bis zum heutigen Tag existent. Schreckliche Steinkammern, in denen man kaum aufrecht stehen kann, nackter Lehmboden, feucht und modrig, so sehen diese Zellen noch heute aus. Leider bleiben die Räumlichkeiten und auch viele historische Quellen bis heute hinter den Klostermauern verschlossen und sind der Öffentlichkeit nicht zugänglich.

GRAUSAME HAFTBEDINGUNGEN

Welches Grauen erwartete also jene bedauernswerten Opfer der Mönchsjustiz? Lassen wir den deutschen Juristen und Schriftsteller Karl Julius Weber (1767–1832) in seinem Werk „Die Möncherey oder geschichtliche Darstellung der Klosterwelt" aus dem Jahr 1819 über die Klosterkerker selbst sprechen. Eindrucksvoller kann man das Grauen nicht schildern:

„Man ermangelte nie Messer und Strick zu legen neben das Brot der Trübsal und den Wasserkrug des Unglücklichen im tiefen unterirdischen Klosterkerker! Das Erdrosseln seiner selbst kommt öfters vor in den traurigen Annalen

der Franziskaner und Kapuziner, die den Höllen-Gedanken nur allzulaut hervorrufen! Der Erdrosselte wurde nicht in der gemeinschaftlichen Gruft, sondern im Kloster-Garten beerdigt.

Bruder Nemesian im Kapuziner-Kloster zu Wien, den Joseph 1782 aus seinem Grabe rief, muß eine Natur von Stahl und Eisen gehabt haben, denn er zählte 82 Jahre, wovon er 53 im Kerker verlebt hatte! Pater Anianus Hörn, Letter im Kapuziner Kloster zu Bamberg starb schon im 20ten Jahr seines Kerkers 1769. Er hatte über Mönche geschrieben, und etwas davon in der Handschrift einem Verräther vorgelesen; längst den Brüdern verhaßt wegen seinen höheren Einsichten wurde er plötzlich gefesselt, in ein Gewölbe gelegt, wo ihn ein Layenbruder täglich bis aufs Blut geißelte – 20 Jahre lang! Das Opfer scheußlicher Kutten starb, und wurde – unter dem Abtritt begraben, und da man die Ketten nicht losbringen konnte, wozu die Schlüssel längst verlohren waren, so hieb man die Gliedmaßen von einander."

Karl Julius Weber berichtet weiter, dass diese Bestrafungen unter Ausschluss der Öffentlichkeit und auch ohne ordentliches Gerichtsverfahren erfolgten. Die Eingekerkerten „verschwanden" buchstäblich. Wenn eine Nachfrage von außen kam, hieß es, sie seien auf Mission oder bereits verstorben. Dass dies alles im krassen Gegensatz zu der nach außen gelebten Gottesfürchtigkeit stand, brachte Weber treffend auf den Punkt:

Bei Wasser und Brot verbrachten die Gefangenen in Dunkelhaft Jahre des Martyriums.

„Wie gerne verziehe man der Möncherey die läppischsten Klosterstrafen – ihren Schlaf im Sarg – ihr Essen und Trinken auf der Erde, oder am Katzentischchen – die Novizen-Kappe – das Bett-Tuch über dem Kopf, oder das Nachtgeschirr am Halse – wären jene die Menschheit und Christenheit schändenden Martern nicht gewesen – die Martern der Teufel in der Hölle!"

Die Orden waren bestrebt, Vergehen, die nach den weltlichen Gesetzen die Todesstrafe nach sich gezogen hätten, „intern" zu regeln, die Delinquenten also nicht an eine weltliche Gerichtsbarkeit auszuliefern, was unerwünschte Untersuchungen von außen zur Folge gehabt hätte. Eine besonders grausame Art der Todesstrafe – das Einmauern bei lebendigem Leib – wurde den Quellen zufolge oft für diese Vergehen gewählt. Dem ging eine Zeremonie voraus, die den Mönch offiziell seiner Stellung im Orden beraubte und verdeutlichte, dass er ab sofort im wahrsten Sinne des Wortes für die Gemeinschaft „gestorben" war. Weber dazu:

„Zuerst erfolgte die Degradation. Man zog dem Unglücklichen feierlich seine Ehrenkutte aus, und die Brüder sangen im tiefsten Trauerton den Totenpsalm – sodann schnitt man Haare und Bart ab, schabte die Haut von den Fingern, nahm ihm die Tonsur, skalpierte ihn und führte das Opfer des Mönchs-Greuels in Procession, unter Gesängen von Tod und Grab – mit umgekehrten Kapuzen und ausgelöschten Lichtern lebendig in das Grab, wo neben einem Bund Stroh, ein Brot, ein Wasserkrug, und ein Lämpchen stand – und dann – zugemauert! Und diese grausamste aller Todesarten über einen Lebenden, erhöht durch das feyerliche Todten-Amt, wählten Mönche, die sich Diener Gottes – Männer der Liebe, des Friedens und der Barmherzigkeit zu nennen wagen!"

Der Notdurft-Eimer und ein klappriger Holzofen gehörten zur Einrichtung der Gefängniszellen.

Apostasie oder Flucht aus dem Kloster war das größte aller Verbrechen und wurde daher besonders hart bestraft, wobei bereits das unerlaubte Entfernen auch nur für kurze Zeit als Flucht geahndet wurde. Nicht der geringste Ungehorsam in diesem Punkt konnte toleriert werden, um die Autorität

In der Franziskaner-
gruft: Befand sich
hinter der Türe mit
Durchreiche ein Kerker?

des Abtes oder Priors nicht zu gefährden. Leichtere Fälle von Ungehorsam wurden mit Arrest bei Wasser und Brot bestraft, aber auch Geißelungen und Folter standen für „schwerere Fälle" an der Tagesordnung, wenn wir den Quellen Glauben schenken. Einige Äbte schreckten auch nicht vor grausamen Hinrichtungsmethoden zurück, wie Weber weiter berichtet. Wir erfahren, wie brutal mit jenen verfahren wurde:

„Einige Kloster Tyrannen verfielen auch auf die Strafe des Stranges und des Feuers – aber nur ein langsames halbes Feuer, damit die Seele nicht möge verlohren gehen – und dann halb geröstet – in pacem – hinab in den Kerker – alles nach vorausgegangener derber Geißlung, und unter frommer Absingung des – Miserere Domine!"

DER „VERTUSCHUNGSGRUNDSATZ"

Die obigen Schilderungen sowie Berichte von geflohenen oder ausgetretenen Ordensmitgliedern geben ein unwiderlegbares Zeugnis der kirchlichen Strafjustiz. Eine jahrhundertelange Geheimhaltung sorgt bis heute dafür, dass kaum etwas davon an eine breitere Öffentlichkeit gelangte. Der Historiker Ulrich L. Lehner sammelte diese erschütternden Fakten:

„Aber man ist berechtigt, ruhig einen Schritt weiterzugehen und von einem in den Ordenssatzungen festgelegten Vertuschungsgrundsatz zu sprechen. Straf-

fällig gewordene Mönche und Nonnen waren für jeden Orden eine Schande und die Aufrechterhaltung des guten Rufes (fama ordinis) einer Religionsgemeinschaft von grundlegender Bedeutung. Daher wurden Dokumente eines Prozesses gegen einen kriminellen Mönch nach Urteilsverkündung meist zerstört. Die Ordensstatuten der Kartäuser enthalten 1582 die explizite Aufforderung, dass keinerlei Visitationsprotokolle von Ordenshäusern je in die Hände des Staates fallen und daher aus Sicherheitsgründen alle zwei Jahre vernichtet werden sollten. Gleiches galt auch bei den Piaristen in ihren Konstitutionen von 1782, in denen jedem Ordensmitglied, das den Ruf des Ordens schädigte und Geheimnisse wie etwa ordensinterne Kriminalprozesse ausplauderte, eine Gefängnisstrafe von mindestens sechs Monaten in Aussicht gestellt wurde.“

Hier wird also bestätigt, dass gezielt verheimlicht und vertuscht wurde. Das dürfte über Jahrhunderte funktioniert haben. Ulrich Lehner berichtet, dass die Orden gegen staatliche Untersuchungen ab Ende des 18. Jahrhunderts eine Mauer des Schweigens errichteten, ja auch vor Lügen nicht zurückgeschreckt sein sollen. So behaupteten die Wiener Kapuziner, dass sie niemals schriftliche Dokumente über Kriminalprozesse erstellt hätten, der Abt von Klosterneuburg und die Dominikanerinnen in Kirchberg hätten die Existenz von Kerkerzellen im Klosterkeller abgestritten. Doch Lügen hatten auch schon damals kurze Beine, wie Lehner weiter ausführt: „Als man die entsprechenden Einrichtungen – ohne Insassen – nach eingehender Untersuchung aber vorfand, konnten die Klostervorsteher nur noch ihrer ‚ehrlichen‘ Überraschung Ausdruck verleihen.“

Dem ist nichts mehr hinzuzufügen.

MEIN TIPP

Die Kerker der Wiener Klöster und Kurienhäuser werden leider nicht gezeigt.

Die eindrucksvolle Schilderung der ehemaligen Klosterkerker wurde bereits 2014 in meinem Buch „Gruselhäuser“ publiziert.

„SCHÜBLINGE" IM STIFTSKERKER

3400 Klosterneuburg

Auf einem Felsvorsprung hoch über der Donau nördlich von Wien thront das Augustiner Chorherrenstift Klosterneuburg, gegründet von den Babenbergerherzögen vor knapp 900 Jahren. Klosterneuburg mit den umgebenden Gemeinden Weidling, Kierling, Gugging, Kritzendorf und Höflein gehörte unter der nationalsozialistischen Herrschaft von 1938 bis 1945 als 26. Bezirk zu „Groß-Wien", ist aber nach dem Zweiten Weltkrieg wieder eine eigenständige Stadtgemeinde mit 30.000 Einwohnern geworden. Imposant präsentiert sich die barocke Klosterburg mit ihren beiden gigantischen und schon von Weitem sichtbaren Kronen. Gewaltige, zehn Meter hohe Eingangshallen empfangen den Besucher und geleiten ihn in ein Labyrinth aus Gängen, Hallen und bis zu vier Stockwerke tiefen Kellern. Während die Weinkeller für Besucher geöffnet werden, bleiben die tiefsten Keller unsichtbar, diese liegen 36 Meter unter dem Stiftsplatz und damit sogar auf Donauniveau. Kaum jemand weiß, dass dort die ehemaligen Kerker und Gefängniszellen liegen. Sie zählen zu den wenigen Klosterkerkern, die heute noch erhalten – aber wie so viele ehemalige Gefängniszellen in Klöstern nicht zugänglich – sind.

Wie viele andere Grundherren übte auch das Stift Klosterneuburg die niedere Gerichtsbarkeit aus, und zwar vom Mittelalter bis zum Revolutionsjahr 1848. Sichtbares Zeugnis ist das noch bestehende Gerichtsgebäude auf dem Stiftsplatz. Der Gerichts- und Verwaltungssitz der mittelalterlichen Stadt, die „Schranne", befand sich auf dem heutigen Rathausplatz. Der Platz, das sogenannte Grätzl, bestand aus mehreren frei stehenden Gebäuden, den Handwerkerhäusern, an die sich im Norden die Brot- und Fleischbänke anschlossen. Erste schriftliche Aufzeichnungen zur Schranne finden wir 1339 im Häuserverzeichnis des Stiftsarchivs. Ab 1359 wird die Stadt als Besitzer ausgewiesen, 1730 wurde die Schranne wegen Baufälligkeit abgebrochen.

GEFÄNGNISZELLEN IM STIFT KLOSTERNEUBURG

Bei den im Jahr 2008 erfolgten archäologischen Untersuchungen im Stift wurden auch die ehemaligen Klosterkerker restauriert. Sie sind im Keller- bzw. Sockelgeschoss im Ostflügel, der sogenannten „Neuen Prälatur" untergebracht. Ihre Entstehung datiert man auf das 12. Jahrhundert, also ungefähr gleichzeitig mit dem Bau des Klosters ab 1114. Jedoch ist eine

Stift Klosterneuburg – was die Besucher nicht zu sehen bekommen: die Gefängniszellen im 3. Kellergeschoss.

Nutzung als Kerker für die damalige Zeit nicht nachweisbar. Die Kreuzgratgewölbe stammen aus der Zeit um 1600. Die Kammern hatten Pritschen für jeweils drei Menschen, die mit Ketten an Eisenringe gefesselt waren. Eine eisenbeschlagene Türe mit Beobachtungsklappe und doppelt vergitterte Fenster machten eine Flucht unmöglich. Es waren finstere, modrige Löcher, ohne Beheizung, ohne Wasser und Aborte. Um sich die Zeit zu vertreiben, benutzten die Häftlinge die hölzernen Pritschen als Spielfelder. Mehrere Mühle- und „Hahn und Henne"-Spiele sind in die Balken geritzt. Jahreszahlen, Initialen und Sprüche finden sich auf den Wänden und im Boden als Vermächtnis der Inhaftierten.

Jahrzehntelang dienten die Zellen als Lagerkeller und Rumpelkammer. Einzig die Mitarbeiter der Stiftsfeuerwehr kamen dorthin, ohne allerdings zu ahnen, dass sie in den ehemaligen Klosterzellen ihren Übungsort für den Einsatz von schweren Atemgeräten in verqualmten Räumen hatten.

Hier saß der Kellermeister Marzellin Ortner ein – als Strafverschärfung bei gekürzter Weinration.

„Das sonst so reichhaltige Stiftsarchiv bringt wenig Licht in das Dunkel der Geschichte der Zellen, denn nur vom Jahr 1837 gibt es ein ‚Arrestanten-Verzeichnis' mit Namen, Grund und Inhaftierungszeit. ‚Schüblinge', die an ein anderes Gericht überstellt wurden, blieben 1–2 Tage. Eine Magdalena Kattmayer saß 10 Tage wegen Ehrenbeleidigung, ein Anton Koller wegen ‚umsonst fahren' 8 Tage in der Zelle, Bettler – ein häufiges Delikt – saßen meist 3 Tage im finsteren Loch. Eine Franziska Göbel wegen Betrugs dagegen 13 Tage. Zu welcher Zeit die Räume als Zellen genutzt wurden, konnte bisher nicht eruiert werden", erfährt man auf einer Hinweistafel des Stifts.

Das spärliche Vorhandensein schriftlicher Unterlagen ist umso erstaunlicher, da das Stift die Gerichtsbarkeit bis zum Jahr 1848 ausübte. Mit an Sicherheit grenzender Wahrscheinlichkeit saßen Häftlinge also bis ins 19. Jahrhundert in den Kerkern ein. Die Autorin stöberte im Stiftsarchiv und wurde mithilfe des Archivars fündig. Aus uralten Schränken holte er eine vergilbte Mappe mit Briefen des Hofmeisters Veit von Segenberg hervor, geschrieben in der Handschrift von 1640, die nur der studierte Historiker entziffern kann. Darin berichtete der diensteifrige Hofmeister sämtliche Vorkommnisse an den Propst Bernhard I. (Amtszeit 1630–1643). Unter anderem erfahren wir: „*Der Feuerer hat heunt auch im Regen NIT hinueber gehen wollen, hab ime deswegen in Kleibenturm gelegt.*“ Übersetzt in heutiges Deutsch, dürfte sich Folgendes zugetragen haben. Der Heizer (der Kachelöfen des Stifts) dürfte sich geweigert haben, im Regen seiner Pflicht nachzukommen und trotz mehrmaliger Aufforderung den Dienst verweigert haben. Worauf ihn der Hofmeister unter Arrest stellte und in den Kleyen- oder Kleibenturm bei der finsteren Stiege (dort liegen die Arrestzellen) werfen ließ. Wie lange er dort schmachtete, ist nicht vermerkt. Und ob er dann wieder in Dienst gestellt wurde, ebensowenig.

IN DEN KERKER GEWORFEN
UND DIE WEINRATION GEKÜRZT

Im Jahr 2008 waren zwei Zellenräume auch für Besucher zugänglich gemacht worden. Die finsteren Steinkammern vermittelten ein düsteres Bild des damaligen Strafvollzugs. Pritschen, Eisenringe und erbärmliche Haftbedingungen lassen die Besucher schaudern. Eine Anekdote über einen der prominentesten Häftlinge heitert ein wenig auf: Der Laienbruder Marzellin Ortner war der begnadete Künstler, der einst die Schränke der Schatzkammer des Stifts schnitzte. 1683 organisierte er die Verteidigung Klosterneuburgs gegen die Türken und wurde schließlich als Dank zum Kellermeister ernannt. „Dies dürfte ihm allerdings zu Kopf gestiegen sein, er rebellierte gegen den Probst. Dieser tat daraufhin zweierlei: Er ließ den ‚Aufmüpfigen‘ ins Gefängnis werfen. Und kürzte dessen Weinration“, erzählte der Augustiner Chorherr in Gestalt des Kerkermeisters. Immerhin hat man ihm eine Gasse in Klosterneuburg gewidmet, die Marzellingasse nächst dem Rathausplatz.
Leider gibt es heute keine Führungen mehr durch die Verliese. Dieser ehemalige Ort des Grauens bleibt also verschlossen und weiterhin im Dunkel der 900-jährigen Geschichte des Stiftes verborgen.

MEIN TIPP

Die Kerker im Stift Klosterneuburg waren von 2008 bis 2011 zugänglich, sind aber heute baufällig und daher für Besichtigungen nicht mehr geöffnet. Die beeindruckende Anlage des Stifts lohnt aber auf jeden Fall einen Besuch. www.stift-klosterneuburg.at

DAS ZUCHTHAUS
IN DER LEOPOLDSTADT

2., KARMELITERMARKT

Die Leopoldstadt zählt zu jenen Stadtbezirken, wo noch das Flair von „Alt-Wien" zu spüren ist. Die Gegend um den Karmeliterplatz gehört heute zur Außenzone des Welterbes „Historisches Zentrum von Wien" und ist ein „Grätzl" (Stadtviertel) mit eigenem Charakter. Viele Jahrhunderte Geschichte sind in den alten Mauern gespeichert. Was heute nach Idylle pur aussieht, war im Laufe der Geschichte ein leidvoller Ort. Insbesondere die Leopoldstädter Juden erfuhren in allen Jahrhunderten Unterdrückung und Verfolgung. Das Ghetto wurde niedergebrannt, die jüdische Bevölkerung vertrieben. Auch nach der Neubesiedlung durch Wiener Bürger nach 1670 blieb das Gebiet ein Schreckensort.

Die Kirche St. Leopold wurde über der niedergebrannten Synagoge errichtet.

ARBEITS-, ZUCHT- UND STRAFHAUS

Dieser Schreckensort hieß „Arbeits-, Zucht- und Strafhaus" und befand sich im Gebiet von Leopoldgasse/Krummgasse/Haidgasse, heute das Karree des Karmelitermarkts. Der Häuserkomplex war berüchtigt bei Jung und Alt. Insbesondere die Kinder schreckte man mit der Drohung, sie dort einweisen zu lassen, wenn sie nicht artig und folgsam wären.

Drei Häuser des 1670 aufgehobenen Ghettos wurden über Auftrag Leopolds I. zu einem Gebäude vereinigt und eine Kapelle zu Ehren des heiligen Antonius errichtet. 1673 eröffnete der Kaiser hier ein Haus zur „Verbesserung der Sitten und Verminderung des Bettels", auch als Arbeits- oder Zuchthaus bezeichnet. Es hatte die Konskriptionsnummer Leopoldstadt 231. Der Eingang lag in der Zuchthausgasse (ab 1819 Strafhausgasse, seit 1862 Leopoldsgasse). Als 1713 die Pest ausbrach, wurde das Gebäude in ein Lazarett umgewandelt, dann jedoch wieder als Zuchthaus reaktiviert. Sogenanntes „arbeitsscheues Gesindel", Prostituierte und Bettler wurden hier inhaftiert. Die Aufgabe von Zucht- und Arbeitsanstalten bestand darin, die Bevölkerung zu arbeitswilligen Untertanen zu erziehen. Ohne Ausnahme sollten alle zu brauchbaren und arbeitsamen Gesellschaftsmitgliedern geformt werden. Nach Vorbildern in Deutschland und den Niederlanden wurden hier erstmals auch in Wien „arbeitsscheue Elemente" zu ihrem und dem Gemeinwohl bei einer Mischung aus Strafvollzug, sozialer Kontrolle und Fürsorge umerzogen.

Was das bedeutete, kann man sich vorstellen. Eine soziale Einrichtung mit einfühlsamer Therapie war das sicher nicht. Unmenschliche Zwangsarbeit in den Steinbrüchen bei spärlicher Verpflegung war nur eines der „Erziehungsmittel". Bettler wurden besonders hart herangenommen. Ab 1783 galt Betteln und Hausieren als straffälliges Delikt. Eine Einlieferung war nicht an einen Gerichtsbeschluss gebunden. So konnten beispielsweise auch Bauern ihre Knechte und Mägde zur „Besserung" ins Zuchthaus einweisen lassen. „Hier konnten auch Eltern ihre ungeratenen Kinder zwecks Verabreichung eines kräftigen Denkzettels dem Büttel vorführen", erfährt man aus der Chronik des Hauses. Was das genau beinhaltete, wird verschwiegen: sicher nicht nur eine Führung durch das Haus als Anschauungsunterricht. Allein die Drohung, von den Eltern dort abgegeben zu werden, genügte, um in manchen Kinderseelen einen unheilbaren Schaden anzurichten. Zu jener Zeit waren auch körperliche Züchtigungen an der Tagesordnung. Sie waren nicht nur erlaubt und geduldet, sondern als probates Erziehungsmittel allgemein akzeptiert.

Nach einer Vergrößerung im Jahr 1726 umfasste die Anstalt das Areal zwischen Leopoldsgasse, Krummbaumgasse, Haidgasse und Auf der Haide (Im Werd). 1816, unter Kaiser Franz I., wurden dort nur noch Sträflinge untergebracht. So erhielt das Zuchthaus den Namen „k. k. niederösterreichisches Provinzial-Strafhaus". Danach entstand hier ein Spital, 1888 wurde das Gebäude demoliert. Ein unrühmliches Kapitel der österreichischen Geschichte ging damit zu Ende. Bleibt zu hoffen, dass Derartiges nie mehr wieder als notwendig erachtet wird. Und dass alle „Heime" und „Anstalten" eines Tages verschwinden werden.

DIE JUDENSTADT AUF DER „MAZZESINSEL"

1624 verbannte Kaiser Ferdinand II. die jüdischen Wiener aus der Stadt und wies ihnen den Unteren Werd, genauer die „baumlose Haide" auf dem gegenüberliegenden Ufer des Donauarms (heute Donaukanal), als Wohngebiet zu. Einige der Häuser aus jener Zeit bestehen bis heute, zum Beispiel das „Pabsthaus" (Haidgasse 6, benannt nach einer langjährigen Eigentümerfamilie) sowie die beiden Nachbarhäuser in der Großen Sperlgasse, das Haus „Zum Sieg" (Haidgasse 8, benannt nach dem Sieg Erzherzog Karls in der Schlacht von Aspern) und das Haus „Zum goldenen Hasel" in der Großen Pfarrgasse 19, dessen Erbauungszeit vor das Jahr der Portalinschrift (1736) zurückreicht.

1669/70 wurden die Juden von Kaiser Leopold I. auf Drängen seiner spanischen Gattin und des Wiener Magistrats auch von hier vertrieben. Nach nicht einmal fünfzig Jahren musste diese ewig drangsalierte Bevölkerungsgruppe wiederum ihre Häuser und Geschäfte verlassen und sich eine neue Heimat suchen. Kurz vorher hatten sie eine Synagoge errichtet, die von den Wienern niedergebrannt wurde. An dieser Stelle legte der Kaiser 1670 den Grundstein für die heutige, dem Heiligen Leopold geweihte Kirche. Seit damals wird das Gebiet Leopoldstadt genannt.

Trotz aller Repressalien und der wiederholten Vertreibung, die bis zur NS-Zeit anhielt, kehrte die jüdische Bevölkerung immer wieder zurück. Die Innenstadtnähe begünstigte Handel und Gewerbe. So leitet sich der Spitzname „Mazzesinsel" für den zweiten Bezirk von den zahlreichen Matze-Bäckern, die zur Zeit der jüdischen Feste das ungesäuerte Brot herstellten, ab. Bis zum Holocaust machte die jüdische Bevölkerung einen beträchtlichen Teil der Einwohner des 2. Bezirks aus. Die Grenzziehung durch das Karmeliterkloster ist heute noch anhand eines kurzen historischen Mauerteils zwischen der Karmelitergasse und der Tandelmarktgasse sichtbar (in den Innenhöfen von Tandelmarktgasse 8 und Karmelitergasse 24). Auch heute wohnen jüdische Wiener wieder in diesem Stadtteil.

Ein Rest der Ghettomauer in der Leopoldstadt

MEIN TIPP

Das „Grätzl" um den Karmeliterplatz zählt zum Weltkulturerbe Wiener Innenstadt. Das einstige Zuchthaus besteht nicht mehr. An seiner Stelle wurde der Karmelitermarkt errichtet. Die Kirche St. Leopold in der Großen Pfarrgasse 15 steht auf den Grundmauern der abgebrannten jüdischen Synagoge.

*Nächste Seite:
Ein Ort des Schreckens:
das ehemalige
Zuchthaus am
Karmelitermarkt*

GEFANGEN IN DER „LIESL"

9., ROSSAUER LÄNDE 7–9

„Liesl" nannten die Wiener das Polizeigefängnis an der heutigen Rossauer Lände, abgeleitet von der bis 1919 existierenden Adresse an der Elisabethpromenade. Diese wiederum wurde nach der Kaiserin Elisabeth von Österreich, der Gemahlin Kaiser Franz Josephs, benannt. Bereits 1874 hatte der Innenminister die Errichtung eines zentralen Polizeigefangenenhauses gefordert. Es sollte sowohl jenes im ehemaligen Theobaldkloster als auch das Polizeigefängnis in der Sterngasse ablösen. Dreißig Jahre später konnte der Bau an der Elisabethpromenade verwirklicht werden. Letztlich fiel die Entscheidung für das Areal am Donaukanal wegen der Nähe zur Polizeidirektion am Schottenring 9–11. Das neue Gebäude wurde als Dependance der Polizeidirektion errichtet.

Der bunte Eindruck täuscht: Das Polizeigefangenenhaus „Liesl" war während der NS-Zeit der Vorhof zur Hölle.

DER NS-HORROR IN DER „LIESL"

Die dunkelsten Jahre der „Liesl" waren wohl jene während der Zeit des Austrofaschismus und der darauffolgenden Periode des Nationalsozialismus in Österreich. Hier wurden neben Kriminellen auch zahlreiche politische Gefangene inhaftiert. Während der NS-Zeit wurden die meisten der Regimegegner von hier zum Verhör in das nur acht Häuserblocks entfernte Gestapo-Hauptquartier im ehemaligen „Hotel Metropol" am Morzinplatz gebracht. Ihr weiterer Weg führte oft in den Tod, meist zur Vernichtung im KZ. Die Geheime Staatspolizei (Gestapo) gilt als Inbegriff der Gewaltherrschaft und des Terrors des NS-Regimes; sie war auch in Österreich das wichtigste und schlagkräftigste Instrument zur Bekämpfung politischer Gegner beziehungsweise bei der Verfolgung von Juden und anderen als „Staats"- oder „Volksfeinde" qualifizierten Bevölkerungsgruppen. Warum die Gestapo gerade diesen Platz und dieses Hotel als ihren Sitz wählte, hat mit der „Liesl" zu tun. Zum einen befand sich das Hotel in jüdischem Besitz und konnte daher problemlos „übernommen" werden, zum anderen lag das Gebäude verkehrstechnisch sehr günstig – zentral, leicht erreichbar und eben nicht weit vom Polizeigefangenenhaus Elisabethpromenade entfernt, wo das Gros der Häftlinge untergebracht war.

„In der Polizeihaftanstalt, der sogenannten ‚Liesl' bin ich sechs Wochen geblieben. Täglich habe ich gewartet, dass ich freigehe, denn so irgendeine schwere Beschuldigung haben sie mir bei der Gestapo ja nicht nachweisen können, dass ich daran beteiligt war, an dieser Umsturzbewegung oder wie

sie es nannten. Aber diese Hoffnung war natürlich vergeblich, denn ich habe die Methoden und Praktiken der Gestapo noch nicht gekannt. Ihr Grundsatz war, so lange ‚müde‘ zu machen, bis [man] doch endlich irgendetwas ihnen Dienliches aussagen würde.“

So berichtet Heinrich Zeder über die Gestapomethoden und seine Zeit im Polizeigefängnis „Liesl“ auf der Rossauer Lände. Pfarrer Heinrich Zeder (1903–1985) aus Röschitz im Weinviertel war Mitglied der „Christlich-Deutschen Turnerschaft Österreichs“, der „Vaterländischen Front“, des „Cartell-Verbands“ und Seelsorger bei den „Ostmärkischen Sturmscharen“. Da er Kontakte zu Mitarbeitern der „Österreichischen Freiheitsbewegung/Gruppe Scholz“ pflegte, lud ihn die Gestapo nach dem „Anschluss“ vor und inhaftierte ihn. Er wurde zu zwei Jahren Gefängnis verurteilt und war von 30. Juli 1941 bis 5. April 1943 in Haft. Zwei Jahre der Ungewissheit, der Erniedrigung, des Psychoterrors, nie zu wissen, was als Nächstes passieren und ob er diesen Schreckensort überleben würde. Die grauenvollen Haftbedingungen schildert er in seinem Zeitzeugenbericht „Mit der Bibel in der Hand“.

Aus vielen weiteren Schilderungen anderer Inhaftierter ist das ganze Ausmaß der sadistischen Verhörmethoden, der unmenschlichen Haftbedingungen und der unaussprechlichen Foltermethoden bekannt. Nicht nur männliche politische Häftlinge wurden gefoltert, sondern auch Frauen, die sich im Widerstand betätigten. So berichtet Peter Schwarz, Geschäftsführer des Wiener Psychosozialen Zentrums ESRA, von seiner Großmutter Anna Vitek, die im Februar 1945 feindlichen Fallschirmjägern in ihrer Wohnung Unterschlupf gewährte und samt ihrer achtzehnjährigen Tochter Jutta in der „Liesl“ inhaftiert wurde: „Meine Oma wurde gefoltert. Sie wurde ‚gestreckt‘ und man hat brennende Zigaretten auf ihrer Haut ausgedämpft.“ Anna und Jutta Vitek wurden 1945 befreit, die Haft und das Grauen der Folter haben sie nie vergessen.

Das unfassbare Ausmaß der Gräuelherrschaft jener Zeit zeigen 12.000 Fotokarteikarten von Häftlingen, die vor einigen Jahren im Wiener Stadt- und Landesarchiv gefunden wurden. Auf der Internetseite www.wien.gv.at/stadtentwicklung/projekte/schwedenplatz/pdf/schreckensort.pdf wurden einige Fälle exemplarisch veröffentlicht.

DIE SCHUBHAFT-ANSTALT

Heute befindet sich im Polizeigebäude Rossauer Lände das Polizei-Anhalte-Zentrum (PAZ). Auch Asylwerber verbringen hier eine Nacht, bevor sie von der Fremdenpolizei befragt und dann in eines der Aufnahmezentren überstellt werden.

Grundsätzlich sind hier nicht nur Schubhäftlinge untergebracht, sondern auch Menschen, die beispielsweise eine Verwaltungsstrafe nicht bezahlen konnten und absitzen müssen. Hier gibt es – zumindest für Frauen – den

Die schreckliche Folter und die Haftbedingungen können die Opfer der Nazi-Schergen nie mehr vergessen (ältere Ansicht des Einzelzellenblocks um 1900).

offenen Strafvollzug, das heißt, dass die Zellentüren während des Tages geöffnet sind und man sich, zumindest in kleinem Rahmen, frei bewegen kann. Jede Zelle ist mit einem TV-Gerät ausgestattet und der Freigang findet zwei Mal täglich auf der Dachterrasse statt. Das Gebäude ist seit seiner Renovierung kein Ort des Grauens mehr. Ein Ort der Erbauung wird die „Liesl" jedoch nie werden.

MEIN TIPP

Im Polizeigebäude Rossauer Lände im 9. Wiener Gemeindebezirk sind Polizeidienststellen und ein Polizei-Anhalte-Zentrum untergebracht. Seit dem 1. April 2003 steht das Gebäude unter Denkmalschutz. Zu gewissen Zeiten und für angemeldete Gruppen kann das Gebäude besichtigt werden.

SPUK IM GEMEINDEKOTTER

2301 GROSS-ENZERSDORF

Feuchte, modrige Löcher „zum Verrecken" waren die Gefängnisse in früherer Zeit. In Österreich nannte man sie Kotter. Manche dieser Arrestzellen gab es noch bis nach dem Zweiten Weltkrieg. In Groß-Enzersdorf hat sich – als einer der letzten überhaupt – der Gemeindekotter noch original erhalten. Er befindet sich im Hof hinter dem ehemaligen Gerichtsgebäude und stammt möglicherweise schon aus dem 17. Jahrhundert. Bis 1950 wurde er noch als Gefängnis benutzt. Verlässt man Wien im Nordosten in Richtung Marchfeld, liegt gleich hinter der Stadtgrenze Groß-Enzersdorf. Heute eine selbstständige Gemeinde, war es von 1938 bis 1945 ein Teil von „Groß-Wien". Der deutsche Kaiser Heinrich II. schenkte 1020 dem bayrischen Kloster Weihenstephan die Grundstücke am „Sachsengang an der Donau gegen den Marchfluss", welche diese später dem Bischof von Freising abtraten. Das Gebiet von Groß-Enzersdorf gehörte somit zum „Hochstift Freising", womit der bischöfliche Grundherr seit dem 12. Jahrhundert alle Herrschaftsrechte in „Encinesdorf" ausübte (zum Beispiel Burg- und Marktrecht und der Hoch- und Blutsgerichtsbarkeit). Nach der Säkularisierung aller Hoch- und Freistifte auf dem Gebiet des Heiligen Römischen Reiches 1803 gehörte Groß-Enzersdorf zum Habsburgischen Herrschaftsbereich.

Im Gerichtsgebäude wurde über Leben und Tod Recht gesprochen. Sobald der Richter den Stab über den Verurteilten gebrochen hatte, wurde er in den Kotter abgeführt. Im Obergeschoss des unter Denkmalschutz stehenden Gebäudes gibt es noch fünf originale Gefängniszellen: schreckliche Verliese, in denen die Verurteilten oft über Wochen und Monate dahinvegetierten. Dieser Zellentrakt und das Foltermuseum zeugen bis heute von den dunklen Kapiteln in der Geschichte des Ortes. Diese wollten die Autorin und der Fotograf erforschen und hautnah erleben. Wir betraten einen wahrlich schaurigen „Ort des Grauens".

Eine der ehemaligen Arrestzellen im Kotter mit der Sammlung der furchtbarsten Hinrichtungswerkzeuge.

GEFÄNGNIS, ARRESTZELLE, FOLTERKAMMER

Das Gebäude des Gemeindekotters beherbergt im Obergeschoss die Gefängniszellen mit ihrem originalen Inventar. In einer dieser denkmalgeschützten Zellen ist ein Foltermuseum mit den schrecklichsten Instrumenten und sogar einem Galgen eingerichtet. Den modrigen Keller des Hauses betraten wir nur ungern. Zu viel Schreckliches ist dort passiert, das sich in den Gewölben bis heute speichert. In den Gefängniszellen zeugen Wandkritzeleien und Inschriften von der Qual der Insassen. Im Kotter inhaftiert wurden meist Wild-

Eine unbekannte „inhaftierte Weibsperson" soll noch heute in den alten Mauern geistern.

diebe, Randalierer und Trunkenbolde, aber auch Prostituierte und vermeintliche Hexen – männlichen wie weiblichen Geschlechts. Diese saßen dann zur „peinlichen Befragung" in Haft, bis sie unter der grässlichsten Folter ihre begangene oder behauptete Tat gestanden. So erging es vermutlich auch einer unschuldigen Bäuerin aus dem Nachbardorf. Ihre Geschichte wird in der Chronik überliefert: Der Groß-Enzersdorfer Schlossverwalter beschwerte sich beim Bischof in Wien, dass riesige Katzen nächtens an den Eutern seiner Kühe hängen und die Milch aussaugen würden. Es bliebe ihm nicht einmal so viel, um seine Kinder zu ernähren. Als Übeltäterin bezichtigte er die „Hexe Hirsch" aus Raasdorf, die angeblich seine Kühe verhext und die Katzen zum Milchstehlen abgerichtet habe. Was mit ihr geschehen ist, verschweigt die Chronik. Vermutlich aber saß sie im Kotter, eine Hexenverbrennung ist allerdings nicht überliefert.

Die Verurteilten wurden unter teils schrecklichen Bedingungen von der Außenwelt isoliert. Die Zellen waren winzig, drei Insassen teilten sich eine Kammer. Sie boten meist nur Platz für einen Strohsack und den Eimer für die Notdurft. In neuerer Zeit gab es Eisenbetten, die bis heute die karge Ausstattung zeigen. An der Wand sind noch die Eisenringe eingelassen, an die man die Häftlinge kettete. Winzige Zellenfenster mit Gitterstäben lassen nur wenig Licht und Luft ein. Eine der fünf Arrestzellen war jedoch für die Dunkelhaft vorgesehen, das Fenster ist mit schwarzer Farbe bestrichen. Gusseiserne Kanonenöfen gaben nur wenig Wärme ab, sie wurden vom Flur aus beheizt und waren kaum dazu geeignet, die bittere Kälte zu mildern. Die Zellen waren mit schweren Eichenholztüren und einer zusätzlichen Sicherungsstange versperrt. Ein Guckloch in Augenhöhe diente zur Kontrolle, ein Schieber als Essensdurchreiche. Sanitäre Einrichtungen und medizinische Betreuung gab es nicht. Ein Abtritt auf dem Flur, eine gemauerter Sitzschale mit Loch ins Freie, war wohl für das Wachpersonal gedacht. Die Inhaftierten wurden von einem Gefangenenaufseher überwacht, der mit seiner Familie im Gebäude wohnte. Dieser Kotter zeugt in erschreckender Weise vom brutalen Gerichtswesen und der Kriminalgeschichte früherer Jahrhunderte. Die miserablen Haftbedingungen führten immer wieder zu tätlichen Übergriffen auf das Wachpersonal.

Andererseits waren die Häftlinge der Willkür und oft auch dem Sadismus der Wärter ausgeliefert. Es herrschten grauenhafte Zustände, die man sich heute nicht mehr vorstellen möchte.

STRASSE, STRICH UND KOTTER

Der Umgang von Justiz und Gesellschaft mit der Prostitution war immer ambivalent. Das „älteste Gewerbe der Welt" wurde in Österreich nachweislich seit römischer Zeit ausgeübt. Es war aber immer verboten und wurde als unehrenhaft angesehen. Einerseits wurden die Liebesdienerinnen gebraucht, andererseits aber bestraft und danach wieder geduldet. Es waren Schandstrafen mit doppelbödiger Moral. Bei regelmäßigen Razzien fing man die Prostituierten von der Straße ein und inhaftierte sie im Kotter. Dort saßen sie ihre Strafe ab, wobei der Liebesdienst am Wachpersonal die Haftbedingungen „erträglicher" machte. Die minderjährigen Dirnen steckte man zur Buße und Läuterung ins Kloster, wo sie Sozialdienst leisten mussten. Diese Mädchen wurden dort für die Krankenpflege, Invalidenbetreuung und Armenausspeisung eingesetzt. Nach einem Jahr der Zwangsarbeit entließ man sie „geläutert" in die Gesellschaft. Wurden sie rückfällig, landeten sie wieder im Kotter. Ein perfides Spiel zwischen staatlicher Obrigkeit und kirchlicher Autorität auf dem Rücken jener Frauen, die aus Armut keinen anderen Ausweg sahen, als sich auf der Straße zu verkaufen.

JUDEN, NAZIS, KRIEGSGEFANGENE

Wir waren entsetzt, zu erfahren, dass diese menschenunwürdigen Zellen nicht nur während, sondern auch noch bis nach dem Zweiten Weltkrieg in Verwendung waren. Der jüdische Tierarzt Dr. Katz saß hier mehrere Wochen in Dunkelhaft. Man bezichtigte ihn, die Maul- und Klauenseuche vorsätzlich ins Marchfeld eingeschleppt zu haben, um seiner Tierarztpraxis zu mehr Umsatz zu verhelfen. Offenbar waren auch russische Kriegsgefangene sowie nach 1945 auch Nationalsozialisten hier inhaftiert, wie die Inschriften an den Wänden bezeugen. Strichlisten verdeutlichen die Hoffnung der Insassen, bald wieder entlassen zu werden. Einige Gefangene schrieben kleine Gedichte an die Wand, einer ritzte mathematische Gleichungen in den Verputz und andere ihre Initialen und die Jahreszahl in die Zellentüren.

DAS GRAUEN HAUTNAH ERLEBEN

Wie fühlt man sich in so einer Gefängniszelle, eingesperrt bei Wasser und Brot? Angekettet an den Eisenring? Wie ruht es sich auf dem Eisenbett? Vergehen die Stunden? Zählt man die Minuten? Das darf im Gemeindekotter von Groß-Enzersdorf jeder selbst ausprobieren. Bei den eindrucksvollen Führungen von Hans Leitgeb, dem „Nachtwächter", „Gefängniswärter" und leidenschaftlichen Sammler der Geschichten von „Encinesdorf", wird die schaurige Geschichte lebendig. Seine Demonstration der grässlichsten Folterinstrumente hinterließ einen nachhaltigen Eindruck bei uns. Die „Grausbirne" im Mund, die Schlinge um den Hals und die Kapuze über dem Kopf war der authentischen Demonstration dann doch zu viel. Vom Anblick der Daumenschrauben, Schädelbrecher und Henkersbeile geschockt, flohen wir aus der ungastlichen Stätte. Jedoch nicht, ohne einer armen Seele, die – für uns zwar unsichtbar, aber doch spürbar – in Zelle 3 haust, Lebewohl zu sagen. Es roch nach verbrannten Kräutern, die Besucher zum Wohl der verirrten Seele hier entzündet hatten. Die einstmals „inhaftierte Weibsperson" geistert offenbar noch immer hier herum.

SPUK IN ZELLE NR. 3

Die Recherchen über Orte des Grauens brachten die Autorin in Kontakt mit einer Gruppe von Wiener Forschern, die sich mit paranormalen Erscheinungen beschäftigen. Das sind Phänomene, die mit unseren bekannten (normalen) Sinnen nicht wahrgenommen werden und daher außersinnlich (paranormal) genannt werden. Sie erklärten sich bereit, eine Untersuchung im Kotter durchzuführen, um eventuell herauszufinden, wer die arme Seele war, die in Zelle 3 von hellsichtigen Personen immer wieder wahrgenommen wird. Dazu verwendeten sie sowohl Infrarotkameras als auch Tonaufnahmegeräte, um eine mögliche Erscheinung sicht- und hörbar zu machen. Als die Geräte im dunklen Raum aufgebaut waren, rief die Investigatorin das Geistwesen mit der Bitte, sich zu melden. Nach geraumer Zeit war ein Rauschen hörbar und plötzlich Stöhnen, gefolgt von zweimaligem Seufzen. Eine raue Stimme flüsterte den Namen „Gajo". Ein weiterer Name, übereinstimmend als „Stefan" interpretiert, wurde hörbar. Dann wieder Seufzen und Stöhnen. Die Geisterstimme äußerte sich dann noch mehrmals. Ab diesem Zeitpunkt floh die Autorin aus der Zelle mit Gänsehaut, kalten Schauern im Nacken und einem flauen Gefühl im Magen. Was die Namen bedeuten? In welchem Zusammenhang der Name „Stefan" steht, wissen wir nicht. Bei „Gajo" könnte es sich um einen Ort in Polen handeln. Ob die inhaftierte Person, deren Geistkörper anwesend zu sein schien, von dort stammte? Wir konnten nichts Näheres in Erfahrung bringen, die Archive sind verbrannt, kein Dokument gibt mehr Auskunft über die Kotterinsassen.

Die ganze Stadt Groß-Enzersdorf atmet Geschichte. „Wie für Marchfeldstädte typisch, schart sich auch Groß-Enzersdorf eng um seine Kirche. Als sehr alte Stadt nennt es auch eine der wenigen noch erhaltenen historischen Stadtmauern ihr eigen, eindrucksvolle 1000 Klafter (1860 Meter) lang. Mit deren Bau wurde im Jahr 1396 begonnen und genauso lange hält Groß-Enzersdorf schon das Stadtrecht. Zwei Türkenbelagerungen, einen Beschuss

durch Napoleon und Bomben im Zweiten Weltkrieg hat Groß-Enzersdorf seither überdauert", berichtet die Ortschronik. In den alten Mauern des Gemeindekotters lauschten wir nicht nur gebannt den gruseligen Erzählungen von Herrn Leitgeb, dem Kerkermeister, Nachtwächter und Sagenforscher in Personalunion, sondern auch jener verirrten Seele, die uns vielleicht einen Namen und den Ort ihrer Herkunft nannte.

Der Gemeindekotter Groß-Enzersdorf mit der Geisterscheinung, die dort gesichtet wurde.

MEIN TIPP

2301 Groß-Enzersdorf liegt 18 Kilometer nordöstlich des Wiener Stadtzentrums. Im Gemeindekotter, Kaiser-Franz-Josef-Straße 2, gibt es regelmäßige Veranstaltungen wie Filme, Ausstellungen und Theateraufführungen. Kontakt: www.kultur-im-kotter.at

Die „Nachtwächterführungen" mit Besuch des Foltermuseums finden bei Vollmond statt: Herr Leitgeb begeistert im historischen Kostüm. Telefon: 02249/23 14

„Häfenbruder auf Zeit – eingekerkert bei Wasser und Brot": eine Selbsterfahrung ist in Planung.

Das Ergebnis der paranormalen Untersuchung kann auf der Internetseite www.paranormal.wien als Film angesehen werden.

Mord und Totschlag

BABYLEICHEN HINTER KLOSTERMAUERN

1., Annagasse 5/Johannesgasse 6 – Kleinmariazeller Hof

Vorherige Seite: Ein aufsehenerregender Mord ereignete sich auf dem Schwarzenbergplatz.

Einen schaurigen Fund machten Bauarbeiter, als sie 1999 ein ehemaliges Kloster in der Annagasse zu Wohnungen und Büros umbauten. Hinter einer Zwischenwand entdeckten sie menschliche Gebeine, die offensichtlich zu Säuglingen gehörten. Der Fund wurde geborgen und umgehend den Behörden übergeben. Die Kinderskelette wurden daraufhin untersucht und nach der Dokumentation auf dem Zentralfriedhof bestattet. Nach dem Alter der Mauer zu schließen, dürften die Knochen aus dem 15. Jahrhundert stammen, als das Gebäude im Besitz des Klosters von Kleinmariazell im Wienerwald war. Woher kamen die Babyskelette? Warum wurden sie eingemauert? Das konnte trotz Recherchen in historischen Dokumenten nicht festgestellt werden. An die Möglichkeit, dass diese Kinder etwa bei lebendigem Leibe eingemauert wurden, wagt man gar nicht zu denken. Eine grauenhafte Vorstellung, die uns heute schockiert.

Die eingemauerte Nonne (Zeichnung nach einer Erzählung von Moritz Bermann)

Immer wieder hört man von Skelettfunden in Klostermauern oder Klosterkellern. Die aufgefundenen Knochen stammen meist von Säuglingen oder Neugeborenen. Man meint, es könnten erfrorene oder verhungerte Findelkinder sein, die aus Armut und Not vor der Klosterpforte abgelegt wurden. Allerdings wollen die Berichte nicht verstummen, dass die Säuglingsskelette in Wahrheit von den Nonnen des Klosters selbst stammen, die ihren „Fehltritt" auf diese Weise entsorgten.

Aber auch auf lebendig eingemauerte Nonnen stößt man immer wieder in Wiener Sagen. Solches wird vom begnadeten Wiener Geschichtenerzähler Moritz Bermann (1823–1895) vom Nonnenkloster in der Himmelpfortgasse berichtet. So seien Klosterschwestern, die schwanger wurden und Kinder gebaren, dafür unmenschlich bestraft worden. Nicht immer entsprangen diese Geschichten der reinen Fantasie, oft steckt – wie bei allen Sagen – eine wahre Begebenheit dahinter.

DIE STADTRESIDENZ DES ABTES

Der Kleinmariazeller Hof war die Stadtresidenz des Abtes für dessen kirchliche und weltliche Amtsgeschäfte. Der stattliche Hof ist ein Baujuwel inmitten der Wiener Altstadt. Er entstand im 15. Jahrhundert aus zwei Gebäuden, die 1405 bereits urkundlich erwähnt wurden. Unter den diversen

Besitzern scheint auch der herzögliche Hofkanzler Stephan von Hohenberg auf. Stephan der Jüngere schenkte 1482 den Besitz dem Kloster Kleinmariazell im Wienerwald. Im Flachrelief „Die Muttergottes mit dem Kind unter altdeutschem Thronhimmel" ist der edle Spender in der Hauptfigur der Gruppe verewigt. Der Bau wurde kontinuierlich erweitert und vergrößert und bildete ein Durchhaus mit der Johannesgasse 6. In diesem Trakt war das Hofkammerarchiv untergebracht, dem unter anderen auch Franz Grillparzer (1791–1872) als Direktor vorstand. Nach Aufhebung des Klosters Kleinmariazell 1782 wurde das Gebäude vom Stift Kremsmünster verwaltet, ehe es 1798 vom Staat für den Religionsfonds übernommen wurde. Im teilweise umgebauten Hauskomplex waren 1825 bis 1871 die Architekturschule der Akademie der bildenden Künste und bis 1982 der Rechnungshof untergebracht. In den Jahren 1999 bis 2000 erfolgte die Restaurierung und Adaptierung als Wohn- und Bürohaus mit Tiefgarage und Lift. Damals wurden die Kinderskelette in der Mauer entdeckt.

Beim Umbau des Annaklosters entdeckte man Babyknochen in der Wand.

EINE VERBORGENE KAPELLE
UND EIN KELLERLABYRINTH

Archäologische Grabungen haben 1998 den mittelalterlichen Ofen und eine Abfallgrube des ehemaligen Klosters zutage gefördert. Ein Sensationsfund konnte ebenfalls verzeichnet werden: die in Österreich einzige erhaltene hölzerne Brunnenstube aus dem Mittelalter. Nicht weniger bemerkenswert war die Entdeckung einer bischöflichen Kapelle im ersten Stock des Gebäudes. Der reich verzierte Raum samt Abtinsignien und einigen Putti ist vollständig erhalten. Leider wurde dieses Baujuwel hinter den Büroräumen einer Privatfirma mit Rigipsplatten abgemauert. Der weitläufige zweigeschossige Keller aus dem 17./18. Jahrhundert mit seinen Pfeilerhallen hat teilweise ältere Bausubstanz integriert. Diese geht bis in das 14. Jahrhundert zurück.

Ein barockes Relief an der Fassade mit dem Auge Gottes im Strahlenkranz und Putten wacht über den ehemaligen Kleinmariazeller Hof. Die Idylle trügt, denn was sich hinter verschlossenen Türen und den Klostermauern abspielte, sah das Auge nicht. Für die menschlichen Tragödien der Nonnen war es nicht zuständig.

MEIN TIPP

Die ehemaligen Nonnenklöster in der Annagasse und Himmelpfortgasse existieren zwar nicht mehr, jedoch bestehen die mittelalterlichen Gebäude noch unverändert. Heute sind dort Wohnungen und Büros. Geschäftslokale gruppieren sich um die idyllischen Innenhöfe.

FEMEMORD UNTER NAZIS

1., HIMMELPFORTGASSE 14

Die Himmelpfortgasse im Herzen von Wien hat eine lange Geschichte. Sie zählt zu den ältesten Gassen der Stadt. Viel Freud und Leid hat sich dort im Laufe der Jahrhunderte abgespielt. Von eingemauerten Klosterschwestern bis zu den Morden im Gangstermilieu zählt die Liste der Verbrechen. Ein sogenannter „Fememord" an einem vermeintlichen Verräter erschütterte die Bewohner dieser idyllischen Gasse vor rund 80 Jahren.

OPFER DES NS-TERRORS

Am Morgen des 14. Juli 1934 drangen zwei maskierte Männer in die Wohnung des wohlhabenden Kaufmanns Kornelius Zimmer in der Himmelpfortgasse 14 ein und töteten ihn mit einem Schuss in die Brust. Die Polizei stand anfangs vor einem Rätsel. Wer war für diesen kaltblütigen Mord an einem gut situierten Wiener Kaufmann aus bürgerlichem Haus verantwortlich? Aufgrund von vertraulichen Hinweisen – es stellte sich heraus,

Schauplatz eines blutigen Dramas 1934: der Fememord am vermögenden Kaufmann Kornelius Zimmer

dass Zimmer Mitglied der seit 1933 in Österreich verbotenen NSDAP war – konnte die Exekutive aber bald etwas Licht in das Dunkel bringen. Es handelte sich um einen Fememord (Feme: mittelniederdeutsch für „Bestrafung"), eine politisch begründete Tat aus Rache unter SA-Angehörigen. Die „Sturmabteilung" (SA) war die paramilitärische Kampforganisation der NSDAP und spielte als Ordnertruppe eine entscheidende Rolle beim Aufstieg der Nationalsozialisten, indem sie deren Versammlungen vor Gruppen politischer Gegner mit Gewalt abschirmte oder gegnerische Veranstaltungen massiv behinderte. Unter Fememord versteht man einen Rachemord an Verrätern, die eigene Partei- oder Gruppenangehörige ans Messer liefern.

Von den ungefähr zwanzig Fememorden, die von den österreichischen Nationalsozialisten nach 1933 an abtrünnigen Genossen oder Polizeispitzeln verübt wurden, erregte keiner so großes Aufsehen wie jener Fall des Tuchhändlers Zimmer. Der Wiener Historiker Hans Schafranek berichtet in seinem 2010 erschienenen Buch „Söldner für den ‚Anschluss‘. Die Österreichische Legion 1933–1938" ausführlich über diesen Fememord unter Nationalsozialisten.

EISKALT LIQUIDIERT

Kornelius Zimmer lebte mit Frau und Schwager in einer herrschaftlichen Wohnung im 4. Stock der Himmelpfortgasse 14. Letzterer war politisch im Untergrund aktiv. Er hatte seit dem Parteiverbot von 1933 die SA illegal mit Nachrichten und Waffen beliefert. Irgendwie geriet Parteimitglied Zimmer in Verdacht, ein Polizeispitzel zu sein. Auf ihn, der, wie die späteren Untersuchungen zeigten, vermutlich auch in die Pläne rund um den „Juliputsch" eingeweiht war, waren zwei SA-Gruppen angesetzt worden. Als vermeintlicher oder tatsächlicher Mitwisser war er daher brandgefährlich. Ein Verrat wäre eine Katastrophe für die SA gewesen. Schon der Verdacht auf Verrat genügte, um eiskalt liquidiert zu werden. Die näheren Umstände der „Verurteilung" durch ein internes Tribunal oder durch Befehl „von oben" sind unbekannt. Tatsächlich waren es zwei Männer, die den Mord ausführten. Einer schoss und einer stand Schmiere. Gefasst wurden zwei Studenten, die mit der Sache nur am Rande zu tun hatten. Die wahren Drahtzieher blieben zunächst unbekannt. Erst lange nach 1945 konnte der Fall aufgeklärt werden.

Der Mörder war der fanatische Nationalsozialist Günther Mark von Traisenthal.

Der Täter war der aus einer österreichischen Offiziersfamilie stammende SA-Angehörige Günther Mark von Traisenthal (geb. 1901 in Laibach). Er hatte 1932 über Vermittlung eines Bekannten den Posten eines Sekretärs in der „Imperial-Großgarage" (Wien 5, Spengergasse 27) erhalten. Deren Besitzer kümmerte sich kaum um die Geschäfte, sodass Traisenthal freie Hand hatte und seinen illegalen Aktivitäten nachgehen konnte. Er war ab 1932 zunächst NSDAP- und SS-Mitglied, wechselte jedoch nach zwei Jahren zur SA. Als radikaler Aktivist war er dort für etliche Sprengstoffattentate verantwortlich. Die Garage in der Spengergasse benutzte er als Waffen- und

Munitionsdepot. Nach Aussage der Staatspolizei soll es das größte derartige Lager Wiens gewesen sein. Die von ihm verübten Anschläge kosteten mehrere Polizisten und Zivilisten das Leben. Der Fememord an Zimmer war nur eine in einer langen Liste von Gewalttaten. Nachgewiesen wurden sie ihm damals nicht. Nach dem Mord an Zimmer flüchtete er nach Deutschland und wurde in Bayern Mitglied der „Österreichischen Legion", einer Gruppierung von geflohenen illegalen österreichischen Nationalsozialisten. In welchem Ausmaß Traisenthal in diese und weitere Gewalttaten involviert war, hatte er am 15. Februar 1936 in einer eidesstattlichen Erklärung in Bad Aibling enthüllt, berichtet Schafranek.

„Am 6. April 1949 wurde Mark von Traisenthal – unter Anrechnung von zweieinhalb Jahren Untersuchungshaft – aber lediglich wegen seiner Zugehörigkeit zur ‚Österreichischen Legion' und zur Terrorgruppe ‚Thalma' – zu einer dreijährigen Kerkerstrafe verurteilt. Im Untersuchungsbericht fand der Fememord an Kornelius Zimmer, dessen sich Traisenthal mehrfach gerühmt hatte, mit keiner Silbe Erwähnung", schließt Schafranek seine Aufklärung des Rachemordes in der Himmelpfortgasse ab.

MEIN TIPP

Die Himmelpfortgasse im Stadtzentrum ist eine der ältesten Gassen.
Ihre Gebäude stehen zum Großteil unter Denkmalschutz.
Viele historische Innenhöfe sind öffentlich zugänglich.

DER SCHWARZENBERGPLATZ: VOM SCHRECKENSORT ZUM LICHTBLICK

1./ 3./ 4., SCHWARZENBERGPLATZ

Der Schwarzenbergplatz zwischen dem Palais Schwarzenberg und dem Opernring ist einer der geschichtsträchtigsten und bekanntesten Plätze Wiens. Heute ist es ein gern besuchter Erholungsraum mit der schönsten Brunnenanlage der Stadt. Der weit gezogene Platz besitzt an seinen Schmalseiten jeweils ein imposantes Denkmal, das Reiterstandbild des Feldmarschall Karl von Schwarzenberg, ein Vorfahre der heute in Wien lebenden Adelsfamilie, und das „Russendenkmal", ein Monument für den unbekannten Sowjetsoldaten, das an die Befreiung Wiens durch die Rote Armee im Jahre 1945 erinnert. Touristen wie Einheimische sitzen heute gerne um die Springbrunnenanlage. Auch das Soldatendenkmal wird oft fotografiert. Vor dem im Jahr 2004 erfolgten Generalumbau war der Platz jedoch ein angstbesetzter Ort. Nach Einbruch der Dunkelheit ging man nicht mehr gerne über den menschenleeren Platz. Vor allem Frauen und Mütter mit Kindern mieden ihn wenn möglich zu jeder Tageszeit. Das Dickicht der Bepflanzung bot ausreichend Unterschlupf für Obdachlose, Drogensüchtige und lichtscheue Elemente, die den Platz als ihr Revier betrachteten. Ungepflegte Hecken und undurchsichtige Buschbereiche erzeugten ein mulmiges Gefühl. Die verwahrlosten Grünstreifen, auf denen sich nicht selten auch Spritzen fanden, waren zwar ein Abenteuerspielplatz für Kinder, allerdings ein Horror für die Mütter. Nicht zu Unrecht fürchteten sich die Passanten, waren doch schon öfter Belästigungen vorgekommen.

Ein ehemaliger Schreckensort – der Schwarzenbergplatz

MORD HINTER DEM RUSSENDENKMAL

Ein Ereignis hat sich in das Wiener Stadtgedächtnis eingeprägt: Der Schwarzenbergplatz war 1958 Schauplatz eines brutalen Mordes, der Eingang in die österreichische Kriminalchronik fand. Hinter dem Soldatendenkmal wurde die 21-jährigen Modeschülerin Ilona Faber erwürgt aufgefunden. Der Hauptverdächtige, ein damals 29-jähriger Obdachloser, wurde in einem medial umfassend begleiteten Indizienprozess aus Mangel an Beweisen freigesprochen. Obwohl neuere Untersuchungen belegen, dass vieles auf die Schuld des Mannes hindeutet, konnte die Tat bis heute offiziell nicht aufgeklärt werden. Auch als die Bluttat längst verjährt war, blieb der Platz um das Russendenkmal lange ein Angst- und Schreckensort.

DIE „STRAHLENDE MITTE" VON WIEN

Der Schwarzenbergplatz wurde von 2002 bis 2004 in seiner gesamten Länge von der Ringstraße bis hinter das Soldatendenkmal in zweijähriger Arbeit komplett umgestaltet, als „Lichtblick und strahlende Mitte von Wien". Der spanische Architekt Alfredo Arribas schuf eine baum- und buschlose Begegnungszone. Der gesamte Platz wurde lichttechnisch auf den letzten Stand gebracht. Das „Russendenkmal" wird abends angestrahlt, ebenso wie die historischen Gebäude rund um den Platz. Ein Lichtband läuft kontinuierlich in einer Endlosschleife von der Ringstraße zum Hochstrahlbrunnen. Dieser wurde 1873 im Zuge der Fertigstellung der „I. Wiener Hochquellenleitung" vom Baumeister Gabrielli gestiftet und 1906 zum Leuchtbrunnen umgestaltet. Nachts leuchtet er in den Farben Rot, Rosa, Gelb, Violett, Blau und Grün. Das wechselnde Farbspiel ist heute eine Touristenattraktion. Ein Zufallsgenerator lässt die als Kalender konzipierten Fontänen auf- und abschwellen. Am Beckenrand befinden sich 365 kleine Springbrunnen, die die Tage des Jahres symbolisieren. Die sechs Springbrunnen zwischen Beckenrand und innerer Insel und diese selbst entsprechen den sieben Wochentagen. Zwölf hohe Strahlen

Ein Mord hinter dem Russendenkmal erschütterte die Stadt im Jahr 1958.

versinnbildlichen die Monate, 24 niedrige die Stunden des Tages und die 30 Strahlen in der mittleren Insel die Tage des Monats. Ein neuer Erholungsort als harmonische Achse zwischen den Kulturstätten des 1., 3., und 4. Bezirks ist auf diese Weise entstanden.

MEIN TIPP

Hochstrahlbrunnen abends in eindrucksvoller Beleuchtung. Der goldene Hydrant markiert den Endpunkt der Wiener Wasserleitung aus den Alpen.

Kinderheime
des Grauens

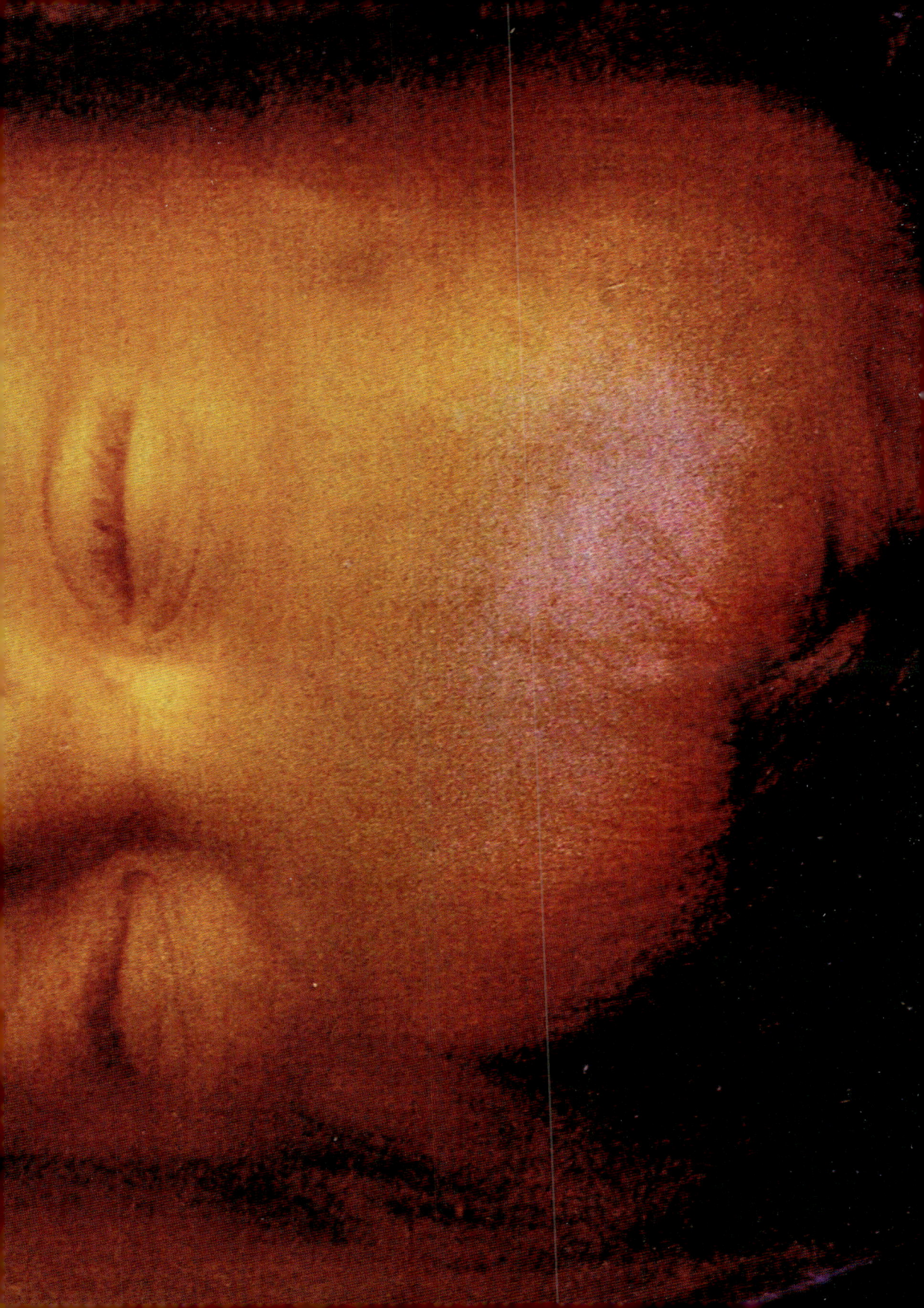

DAS FINDELHAUS AM ALSERGRUND

9., ALSER STRASSE 21–23

*Vorherige Seite:
Unvorstellbares Leid
wurde den Kindern in
jenen Heimen angetan,
die einmal zu den
modernsten in Europa
gehörten.*

EINE ANSTALT ZWISCHEN FÜRSORGE UND HORROR

Berichte der vergangenen Jahrhunderte über den Umgang mit ungewollten Kindern erschüttern uns heutige, in relativem Wohlstand lebende Zeitgenossen. Not und Armut jedoch ließen den Menschen damals oft keine andere Wahl, als sich ihrer „unerwünschten" Kinder zu entledigen. Entweder tötete man sie bereits bei der Geburt oder gab sie als Neugeborene weg, meist in die Obhut eines Verwandten. Oft genug war der Verwandte nur an der zukünftigen, billigen Arbeitskraft interessiert und dem Missbrauch war in jeder Hinsicht Tür und Tor geöffnet.

Die ersten Stiftungen für ledige Schwangere und deren Kinder wurden vom habsburgischen Kaiserhaus sowie Adeligen gegründet. So gab es bereits unter Kaiser Joseph I. eine derartige Abteilung im St. Marxer Spital. 1663 stiftete der „Freiherr von Chaos" (sein selbst gewählter Adelsname) ein Haus „für die Findel- und unerzogenen Hausarmenkinderwaisen". Aufgrund der elenden Lebensbedingungen in den Städten, die eine Verheiratung mit dem dafür notwendigen Einkommensnachweis für viele unmöglich machte, stieg die Rate der unehelichen Geburten im 18. Jahrhundert europaweit stark an. Um die aus der Armut und Mittellosigkeit der ledigen Mütter resultierenden Kindsmorde und Weglegungen zu verringern, beschloss Kaiser Joseph II., Findelhäuser unter staatlicher Aufsicht einzurichten.

Das Wiener Gebär- und Findelhaus in der Alser Straße gegenüber dem Allgemeinen Krankenhaus entstand 1784 infolge der Josephinischen Reformen. Kaiser Joseph II. war ein Menschenfreund. Die vielen unehelichen Kinder waren für ihn aber nicht nur bedauerliche Geschöpfe, sondern eine bevölkerungspolitische Größe, die es zu kanalisieren galt. Im Zeitalter der Aufklärung strebte man grundsätzlich eine Vermehrung der Bevölkerung und somit auch das Überleben möglichst vieler Kinder zwecks der Stärkung von Wirtschafts- und Verteidigungskraft an. So erließ er 1786 ein Gesetz, das die unehelichen Kinder den ehelichen gleichstellte. Damit wollte er jeden Menschen zum „gleichwertig nützlichen" Untertan machen. Unter vielen anderen Reformen, die der Kaiser in seiner Regierungszeit durchführte, verbesserte er auch das Gesundheitswesen. Er gründete Spitäler sowie eine für damalige Verhältnisse revolutionäre Irrenanstalt und Invaliden- und Versorgungsheime.

*Ansicht des alten
Findelhauses am
Alsergrund. Mittlerweile stehen dort
Gründerzeit-Häuser.*

113

DAS ANONYME GEBÄRHAUS

Das ebenfalls von ihm gegründete „Gebär- und Findelhaus" nahm nicht nur die weggelegten Säuglinge auf, sondern fungierte auch als Auffangstelle für ungewollt Schwangere, die hier anonym gebären konnten. Die Einrichtung wurde vom Kaiser finanziert. „Mit der Verbesserung der Geburtshilfe erhoffte er, dem Kindsmord, der Kindesaussetzung und der hohen Säuglingssterblichkeit ein Ende zu setzen. Im Gebärhaus konnten Frauen jeden Standes anonym entbinden und auf Wunsch das Kind im angeschlossenen Findelhaus abgeben. Angesichts der kostenlosen Entbindung wurde das Gebärhaus Anlaufstelle eines beträchtlichen Teils der Wiener Unterschicht. Etwa 97 Prozent nahmen die kostenlose Entbindung in Anspruch, wenngleich die Betroffenen als Gegenleistung etwa Arbeitsdienste erbringen mussten", schreibt die Historikerin Anita Winkler in ihrem Artikel „Das Wiener Findelhaus zwischen Wohlfahrt und Bevölkerungspolitik" über die sozialen Errungenschaften Wiens im 18. Jahrhundert. Der Zulauf war so groß, dass die Anstalt immer wieder erweitert werden musste. Zuletzt umfasste sie das Areal Alser Straße 21–23, Lange Gasse 61–69 und 68–76 und gehörte weltweit zu den größten Einrichtungen dieser Art. Im Jahr 1910 wurde sie aufgelöst, der Gebäudekomplex abgerissen und mit den heute dort stehenden Gründerzeithäusern verbaut.

HORRORZAHLEN AUS DEM FINDELHAUS

Obwohl das anonyme Gebärhaus eine Verbesserung der elenden Lebensbedingungen der Frauen aus der Unterschicht bedeutete, konnte das Problem der Findelkinder jedoch nicht wirklich gelöst werden. Die Studie „Mutter ledig – Vater Staat. Das Gebär- und Findelhaus in Wien 1784–1910" der „Österreichischen Gesellschaft für Geschichtswissenschaften", die sich mit den Wohlfahrtseinrichtungen der Josephinischen Ära befasst, nennt Horrorzahlen.

„Während der Zeit seines 126-jährigen Bestehens nahm das Wiener Findelhaus rund 750.000 Kinder in Pflege. Dabei stieg die Auslastung, beginnend mit 1.366 Kindern im ersten Jahr, stetig an; die 2.000er-Marke wurde bereits 1787, die 3.000er-Marke 1799 überschritten. Zwanzig Jahre später wurden mehr als 4.000 und weitere zwanzig Jahre später mehr als 5.000 Kinder aufgenommen. Die höchste Aufnahmezahl wurde im Jahr 1880 verzeichnet: 9.820 Kinder wurden in diesem Jahr dem Findelhaus überlassen".

Das waren durchschnittlich 27 Säuglinge am Tag, die aufgenommen und versorgt werden mussten. Eine unvorstellbare Zahl und ein beredtes Bild der Verhältnisse in jener Zeit. Zwischen der Revolution von 1848 und 1868 deponierte man rund 30 Prozent aller in Wien geborenen Kinder im Findelhaus. Die Zahlen schockieren.

„Bis 1813 starben 97 Prozent aller im Wiener Findelhaus aufgenommenen Kinder; 1799 erreichte die Hälfte das Ende des ersten Monats nicht. Zwischen 1784 und 1910 erlebten 68 Prozent aller vom Wiener Findelhaus aufgenommenen Kinder das Ende der Verpflegungszeit nicht. Hauptursachen der Kindersterblichkeit waren vor allem Infektionskrankheiten sowie Erkrankungen des Magen- und Darmtraktes“, bringt der zitierte Studienbericht der „Österreichischen Gesellschaft für Geschichtswissenschaften“ die unfassbaren Tatsachen auf den Punkt.

EINKOMMENSQUELLE „FINDELKINDER“

Für die rund 20.000 Findelkinder pro Jahr im 19. Jahrhundert mussten verehelichte oder verwitwete Pflegefrauen, sogenannte „Kostfrauen“ aus allen Teilen der Monarchie (sogar bis Schlesien) gefunden werden. Als Voraussetzung galt neben dem römisch-katholischen Glaubensbekenntnis auch ein sogenanntes „Wohlstands- und Sittlichkeitszeugnis“. Dieses stellte der Pfarrer des Ortes gerne gegen eine angemessene Spende aus. Dass es dabei trotz Kontrollen zu eklatantem Missbrauch kam, bestätigt ein Arzt, der 1825 notierte: „Ich kenne ein Weib, welches in einem Jahr zum 13. Male einen lebenden Findling gegen einen unter ihren Händen gestorbenen erhielt.“ Das Kostgeld für die Findelkinder war bei der damals herrschenden Armut für viele Familien ein überlebenswichtiges Einkommen. Je nach Lebensstandard in den unterschiedlichen Ländern der Monarchie war es vor allem im ländlichen Bereich ein beachtliches Zusatzeinkommen. So verwundert es nicht, dass von Kämpfen um Findelkinder und Verpfändung des Kostgeldanspruchs berichtet wird. „Das ‚Zahlbuch‘, das zur Behebung des Kostgeldes berechtigte, wurde von den in Konkurrenz zueinander stehenden Kleinhäuslerinnen häufig an Kaufleute oder Geldboten verpfändet“, schildern die Historiker die erbärmliche Praxis.

Die Zustände im anfänglich als Wohlfahrtseinrichtung gedachten Findelhaus waren für heutige Begriffe ein Horror. Überbelegung, Hunger, Verwahrlosung neben schlechter medizinischer und hygienischer Betreuung überlebten die wenigsten der bedauerlichen Geschöpfe. Die unfassbare Sterberate von 95 Prozent lag weit über jener der ehelichen Kinder. Am Ende wurde das Gebär- und Findelhaus aufgelöst. So gesehen war die bevölkerungspolitische Intention Josephs II. gründlich gescheitert. Zum Glück haben sich die Zeiten geändert. Die heutigen Lebensumstände machen – Gott sei Dank – Einrichtungen dieser Art bei uns nicht mehr notwendig.

MEIN TIPP

Die Aufnahmeprotokolle des Findelhauses im Alsergrund sind zur Gänze mikroverfilmt und können im Lesesaal des Wiener Stadt- und Landesarchivs im Gasometer jederzeit und ohne vorherige Bestellung eingesehen werden.

DIE KINDERÜBERNAHME-STELLE KÜST

9,, LUSTKANDLGASSE 50

Eine vorbildliche soziale Einrichtung für verlassene Kinder wurde zum Ort des Schreckens, die Kinderübernahmestelle (KÜST) in der Lustkandlgasse 50 im 9. Bezirk. Wie kam es dazu?

Bereits 1910 gab es das städtische Asyl für verlassene Kinder in der Laurenzgasse. Es wurde 1910 geschlossen. Als Ersatz richtete man, ebenfalls im 5. Bezirk, in der Siebenbrunnengasse 78, im Kloster „Zu den guten Hirtinnen" eine Kinderpflegeanstalt unter klösterlicher Leitung ein. Diese Anstalt musste 1918 am Ende des Ersten Weltkriegs geschlossen werden. 1920 versuchte man in der Kinderherberge Untermeidling und 1922 durch eine Verlegung des Anstaltsbetriebs in die Baracke „Am Tivoli" Abhilfe zu schaffen. 1923 beschloss der Gemeinderat den Bau einer Kinderübernahmestelle in der Lustkandlgasse. Dem damaligen Stadtrat für Wohlfahrtswesen, Prof. Dr. Julius Tandler, gebührt das Verdienst, erstmals in Europa ein derartiges Institut geschaffen zu haben. Die Wiener Einrichtung war beispielgebend für andere Länder. Zur Zeit ihrer Errichtung galt sie international als vorbildliche soziale Einrichtung, die sich um das Wohl der Kinder und Kindesmütter sorgte.

Die KÜST – eine vorbildliche soziale Einrichtung wurde zum Ort des Schreckens für viele Waisenkinder.

DIE KÜST: EINE SOZIALE EINRICHTUNG ZUM WOHLE DES KINDES

Das 1923 bis 1925 erbaute und 1927 vom Architekten Adolf Stöckl erweiterte Gebäude in Heimatstilformen ist architektonisch bedeutend und steht unter Denkmalschutz. Die Kinderübernahmestelle hatte die Aufgabe, alle der Gemeinde zur Fürsorge übergebenen Säuglinge, Kinder und Jugendlichen aufzunehmen, zu beobachten und für sie weitere Fürsorgemaßnahmen einzuleiten. Während der NS-Zeit war die KÜST für die Überstellung vieler behinderter Kinder an Tötungsanstalten wie „Am Spiegelgrund" verantwortlich. Zwischen 1926 und 1964 wurden 63.000 von insgesamt 158.000 in die Pflege der Gemeinde Wien aufgenommene Kinder in der Kinderübernahmestelle betreut. 1964 wurde ein Umbau beschlossen, um eine neue Lösung der Heimsituation durch Schaffung familienähnlicher Kleingruppen zu finden. Hatte die Kinderübernahmestelle ursprünglich vor allem medizinische Aufgaben, so lagen nunmehr die Akzente auf der psychologischen Betreuung. Am 22. November 1965 wurde die renovierte Kinderübernahmestelle wiedereröffnet und „Julius-Tandler-Heim" benannt (Gedenktafel). Dieses wurde am 13. Juni 1985 mit in diesem Bereich untergebrachten Einrichtungen des Jugendamts zum Julius-Tandler-Familienzentrum der Stadt Wien vereinigt.

TÖTUNG „UNWERTEN LEBENS"

Die KÜST in der Wiener Lustkandlgasse war die berüchtigte Schalt- und Verteilerstelle für die sogenannte Kindereuthanasie, die organisierte Tötung von geistig und körperlich schwer behinderten Kindern und Jugendlichen. Formalrechtliche Grundlage für diese Vorgangsweise bot das „Gesetz zur Verhütung erbkranken Nachwuchses" von 1940, das Ärzte und Hebammen verpflichtete, behinderte Kinder den Gesundheitsämtern zu melden. Dann wurden diese pro forma untersucht, in Kliniken oder die genannten Sonderanstalten eingeliefert und nach allerlei medizinischen Experimenten zu Tode „behandelt". Im Jahr 2010 wurde erstmals Kritik an der seit über sechzig Jahren nicht erfolgten Aufarbeitung der unfassbaren Gräueltaten an den unschuldigen Heimkindern geübt. Die „Fürsorgemethoden" des Naziregimes kann man nur als in höchstem Maße menschenverachtend bezeichnen. Was sich in den Heimen der Stadt Wien zwischen 1938 und 1945 abspielte, übersteigt das Fassungsvermögen.

SCHWARZE PÄDAGOGIK IN DER NACHKRIEGSZEIT

Die „Behandlungsmethoden" verbesserten sich nach dem Kriegsende leider wenig. Dieselben Ärzte und Pfleger machten hier weiterhin Karriere. Auch nach 1945 kam es zu Übergriffen und skandalösen Vorfällen bei der Behandlung der Schutzanvertrauten durch das Pflegepersonal. Macht und Willkür herrschte noch bis in die 1960er-Jahre. Öffentlich bekannt sind diese Tatsachen erst seit wenigen Jahren. Bis heute ist eine lückenlose Aufarbeitung nicht erfolgt, ganz zu schweigen von einer angemessenen Entschädigung an die heute erwachsenen Opfer. Die eigentliche Kinderübernahme gestaltete sich roh und unbarmherzig.

Ein Wickelkind: Keramikdekoration an der Hausfassade

„Der Vorgang der Abnahme der Kinder aus ihrer Familie durch eine Sprengelfürsorgerin, die Überstellung, die mit der Straßenbahn oder dem Taxi und manchmal mit der Polizei erfolgte, sowie das Aufnahmeritual waren für die Kinder psychisch schwer belastend, angsterregend und einschüchternd. Sie mussten ihre Kleidung ablegen, die anschließend in einen Sack gesteckt und durch ein Loch in der Decke hochgezogen wurde. Sie befanden sich in dem als Panopticon eingerichteten Gebäude hinter Glaswänden und wurden so beobachtet. Unter den wenig gefühlvollen Kinderschwestern und Erzieherinnen und unter absolutem Besuchsverbot litten die Kinder an großer Isoliertheit und Einsamkeit."

Mit diesen Worten skizziert ein Untersuchungsbericht (von Reinhard Sieder und Andrea Smioski für die Stadt Wien) das damalige Horrorszenario. Die ursprüngliche Intention, mit der sogenannten „klinischen Beobachtung", die Entscheidung der Fürsorgerinnen zur Kindesabnahme durch Fachgutachten stützen zu können, kehrte sich in ein traumatisches Erlebnis für die bedauernswerten Kinderseelen um. „Niemanden schien es zu stören, dass sich die Kinder unter diesen Voraussetzungen gar nicht wie sonst verhalten konnten", beurteilt man heute diese Methoden. Einige der zur Beobachtung dienenden baulichen Maßnahmen wurden beim Umbau in den 1960er-Jahren beseitigt, zum Beispiel wurden die Glaswände mit Gipskartonplatten verkleidet.

„Im Zuge des Heimskandals und der damit verbundenen Aufarbeitung der Geschichte der Heimerziehung in Österreich wurden zwischen März 2010 und Juni 2012 von ehemaligen Zöglingen 64 die Kinderübernahmestelle betreffende und 42 das Julius-Tandler-Heim betreffende Fälle von Gewalt und Missbrauch beim ‚Weißen Ring' gemeldet", vermerkt der Opferschutzverband „Weißer Ring". Diese Einrichtung vertritt die Rechte der Opfer und kümmert sich um deren körperliche und psychische Heilung.

MEIN TIPP

9., Lustkandlgasse 50: Das Kinderheim besteht bis heute als Kindertagesstätte. An seine schreckliche Vergangenheit erinnern nur noch wenige bauliche Details. Die Lustkandlgasse ist nach Wenzel Lustkandl (1832–1906), einem deutschliberalen Gemeinderat, Landtagsabgeordneten und Universitätsprofessor für Staatsrecht, benannt.

DAS KINDER-KZ
„AM SPIEGELGRUND"

14., BAUMGARTNER HÖHE 1

Eines der dunkelsten Kapitel der österreichischen Geschichte und einen Ort des Grauens vereinigt eine einzige Adresse in Wien: der einstige Spiegelgrund, heute Steinhof genannt, das psychiatrische Krankenhaus auf der Baumgartner Höhe (heute Otto-Wagner-Spital).

Die „Niederösterreichische Landesanstalt für Geistes- und Nervenkranke *Am Steinhof*" war bei ihrer Gründung 1907 die größte und modernste Irrenanstalt Europas, eine Heil- und Pflegeanstalt mit einer Gesamtkapazität von 2200 Betten. Ein separates Sanatorium für zahlende Gäste beherbergte prominente psychische Kranke. Fachleute aus der ganzen Welt kamen, um diese Einrichtung zu studieren. Mit dem Bebauungsplan wurde Otto Wagner (1841–1918), damals führender Architekt Wiens, beauftragt. Zu beiden Seiten der Hauptachse mit Direktion, Theatersaal und Kirche waren 34 Pavillons und, etwas abseits im Nordosten, die Wirtschaftsgebäude, Schweineställe, Gärtnereien und eine eigene Müllverbrennungsanlage geplant. Die Anlage hinter der fast fünf Kilometer langen Umfassungsmauer sollte eine autarke, sich selbst versorgende kleine Stadt werden. Die Pläne konnten jedoch nicht zur Gänze realisiert werden, der Erste Weltkrieg bedeutete einen massiven Einbruch. Der Horror des Krieges brach schonungslos über das Spital herein. Zwischen 1914 und 1918 fielen rund 2800 Steinhof-Patienten der dramatischen Nahrungsmittelknappheit und Infektionskrankheiten zum Opfer. 1920 wurde erstmals der Begriff „lebensunwert" vom Strafrechtsexperte Karl Binding (1841–1920) und dem Psychiater Alfred Hoche (1865–1943) geprägt. Sie traten für das Recht auf Tötung „unheilbar Kranker" ein. Daraus entstand 1924/1925 die „Wiener Gesellschaft für Rassenpflege". Bei der Verbreitung rassenhygienischen Gedankenguts sowohl an den Universitäten als auch in der Öffentlichkeit spielte diese Gesellschaft vor 1938 eine zentrale Rolle.

Die Otto-Wagner-Kirche: ein Gesamtkunstwerk des Jugendstils

DER KRIEG GEGEN DIE „MINDERWERTIGEN"

Während der Zeit des Nationalsozialismus übernahm die Medizin eine neue Aufgabe: die „Ausmerzung" der als „minderwertig" qualifizierten Menschen. Für Behinderte, Geisteskranke, Angehörige sozialer Randgruppen und Unangepasste war in der „Volks- und Leistungsgesellschaft" kein Platz. Sie wurden verfolgt, eingesperrt und der Vernichtung preisgegeben.

Die einstige Heil- und Pflegeanstalt Steinhof wandelte sich nach dem „Anschluss" 1938 zum Wiener Zentrum der nationalsozialistischen Tötungsmedizin, die weit mehr als 7.500 Steinhof-Patienten das Leben kosten sollte. Von 1940 bis 1945 existierte auf dem Anstaltsgelände eine sogenannte „Kinderfachabteilung". Im linken Bereich des Geländes befand sich die Nervenklinik für Kinder, genannt „Am Spiegelgrund". In Pavillon 17 wurden die kleinen Patienten untersucht und mit einem ärztlichen Gutachten weiterselektiert. Das Prädikat „unbrauchbar" hieß, in den Pavillon 15 verlegt zu werden. Diesen Opfern war ein unfassbarer Leidensweg beschieden. Viele der Kinder wurden davor als Versuchskaninchen für Impfstoffe gegen Tuberkulose oder gegen Infektionskrankheiten missbraucht, wofür man sie zuvor „künstlich" mit den Erregern infizierte und sie schlussendlich mit Giftinjektionen tötete oder einfach verhungern ließ. Die Schmerzen, die Todesangst kann niemand nachvollziehen. Mindestens 789 Kinder wurden in diesen Jahren „Am Spiegelgrund" getötet.

Die Gehirne der ermordeten Kinder wurden zu Studienzwecken gestapelt.

Verantwortlich für das Leiden und den Tod der Kinder war Dr. Heinrich Gross, Abteilungsarzt im Pavillon 15, dem „Tötungspavillon" der Spiegelgrund-Klinik. Er war an der Ermordung von geistig oder körperlich behinderten Kindern aktiv beteiligt. Nach 1945 nie rechtskräftig verurteilt, konnte er als Gerichtsgutachter in Österreich Karriere machen. Ein 1997 eingeleitetes Verfahren wegen des Verdachts auf Ermordung von neun Kindern wurde nach dem Tod von Heinrich Gross im Jahr 2005 eingestellt.

Viel zu spät wurde begonnen, dieses dunkle Kapitel aufzuarbeiten. Die Bestattung der sterblichen Überreste von Opfern der NS-Kindereuthanasie „Am Spiegelgrund" erfolgte am 28. April 2002 am Wiener Zentralfriedhof. Das dürfe jedoch kein Schlusspunkt sein im Bemühen um die Wahrheitsfindung sein, fordert auch Alois Kaufmann, Überlebender des „Spiegelgrundes" und Autor.

Ingeborg Dürnecker, eine weitere Spiegelgrund-Überlebende, berichtet Schauriges von den sogenannten Kinderheimen. Ihr Leidensweg begann im Alter von drei Monaten, wie sie in ihrem Lebensbericht „Verdeckte Spuren – Mein Leidensweg vom Spiegelgrund" erzählt:

„Mit drei Monaten ausgesetzt im Jänner 1935, bei Minusgraden. So hatte es begonnen. Sieben Jahre alt: Misshandlungen und Verwahrlosung. Somit war ich gut geeignet als Versuchsobjekt. Sechs Wochen Kinderübernahmestelle, achtzehn Monate Spiegelgrund und knapp fünf Jahre Kinderheim Erlanghof. Alles sogenannte Heime. (...) Für mich waren der Spiegelgrund und das Kin-

derheim Erlanghof sogenannte Kinder-KZs: Kälte, Hunger, Schläge, Unmengen von Tabletten und Spritzen. Sadistische Gräueltaten waren an der Tagesordnung. Wir wurden zu Bettnässern. Man hing uns das Leintuch über den Kopf, und wir mussten auf Steinböden stehen, bis es trocken war. Dabei sind meine Zehen erfroren."

Die Folterer und Mörder waren die eigenen Landsleute: Ärzte, Schwestern und Betreuungspersonen aus Wien, die sich der Tötungsmaschinerie unterordneten und oft sogar zur leitenden Tätergruppe gehörten. Es ist beschämend und traurig, dass erst in jüngster Vergangenheit das mediale internationale Interesse am Fall Dr. Heinrich Gross die Stadt Wien dazu brachte, ihr jahrelanges Schweigen über die wahren Vorgänge am „Steinhof" zu brechen.

STEINHOF: GESAMTKUNSTWERK DES JUGENDSTILS

Die Krankenhausanlage auf den Steinhofgründen wird heute als Gesamtkunstwerk bewundert. Der architektonische Höhepunkt ist auch der höchste Punkt des Geländes: die weltberühmte „Kirche am Steinhof" Otto Wagners mit ihrer weithin leuchtenden goldenen Kuppel. Die Anstaltskirche gilt als das sakrale Hauptwerk des österreichischen Fin-de-Siècle. Wagner schuf hier eine bahnbrechende Neuschöpfung im Kirchenbau, Kunsthistoriker und Kunstliebhaber aus der ganzen Welt kommen heute in das Psychiatrische Krankenhaus, das zwar offiziell „Otto-Wagner-Spital" heißt, aber noch immer „Steinhof" genannt wird, um das größte zusammenhängende Gesamtkunstwerk des Jugendstils zu bewundern und zu studieren. Seine schreckliche Vergangenheit jedoch ist nicht vergessen. Im Pavillon V dokumentiert eine betroffen machende Ausstellung die Zeit des NS-Terrors am Spiegelgrund.

MEIN TIPP

Der Pavillon V ist heute eine Gedenkstätte, die das Grauen der NS-Zeit in Bildern und Texten darstellt. Im Kapitel „Schauriges im Museum" wird die Ausstellung detaillierter beschrieben. www.gedenkstaettesteinhof.at

Otto-Wagner-Kirche: Die sehenswerte Jugendstilkirche am Steinhof kann zu Gottesdiensten sowie samstags 16.00–17.00 Uhr und sonntags 12.00–16.00 Uhr gegen Eintritt besichtigt werden. Führungen durch die Ausstellung inkl. Kirche mittwochs 14 Uhr (Dauer 1,5 Stunden).

SCHLOSS WILHELMINENBERG: DAS KINDERHEIM DES GRAUENS

16., SCHLOSS WILHELMINENBERG

Ende des 18. Jahrhunderts stand auf dem Areal des Predigtstuhls ein barockes Schloss des Grafen Lacy, der seine Besitzung dem russischen Fürsten Gallitzin verkaufte. In der Folge wurde der Berg Gallitzinberg genannt. Nach mehreren Besitzerwechseln schenkte Fürst Moritz Montléart seiner Gattin Wilhelmine 1866 das Schloss und die weitläufige Parkanlage, wonach sich der Name Wilhelminenberg für das Gebiet einbürgerte. In den Jahren 1903 bis 1908 wurde das schon baufällige Schloss abgerissen und ein Palais im Neoempirestil als Sitz des österreichischen Erzherzogs Rainer errichtet. Nach dessen Tod 1913 erbte sein Neffe Erzherzog Leopold Salvator die Anlage. Im Ersten Weltkrieg wurde das Schloss zum Lazarett und Genesungsheim für Kriegsopfer umfunktioniert. 1922 erwarb es der Zürcher Bankdirektor Wilhelm Ammann.

Ab 1926 war, durch Erwerb in einer Zwangsversteigerung, die Stadt Wien neue Besitzerin des Schlosses samt Nebenanlagen und Park und richtete es 1927 als städtische Kinderherberge ein. Die *Arbeiter-Zeitung* (Morgenblatt, Nr. 233 von 1927) titelte damals: „Die schönste Kinderherberge der Welt". Von 1934 bis 1939 war die Liegenschaft Sitz der Wiener Sängerknaben. Im März 1938 war es allerdings vorbei mit der Idylle. Die Liegenschaft wurde durch die Nationalsozialisten beschlagnahmt und der „österreichischen Legion" übergeben. In den Kriegsjahren diente das Schloss wieder als an das nahe gelegene Wilhelminenspital angeschlossenes Heereslazarett. 1945 erfolgte die Rückwidmung in ein Heim für erholungsbedürftige Kinder. Auch ehemalige KZ-Häftlinge fanden Erholung im prachtvollen Ambiente von Schloss und Park. 1950 übersiedelte die Heilpädagogische Beobachtungsstation vom Spiegelgrund in das Schloss Wilhelminenberg.

MISSBRAUCH IM STÄDTISCHEN KINDERHEIM

Waren die anderen Wiener Kinderheime vor allem während des Naziregimes Vorhöfe zur Hölle, begann das dunkle Kapitel von Schloss Wilhelminenberg mit seiner Umwandlung in ein Heim für Sonderschülerinnen. In der Zeit von 1961 bis 1977 soll es, laut Angaben der Opfer, zu zahlreichen Übergriffen und Vergewaltigungen von dort untergebrachten Mädchen ge-

Schloss Wilhelminenberg – ehemals „die schönste Kinderherberge der Welt"

kommen sein, wie erst 2011 bekannt wurde. Die Stadtverwaltung sah sich daraufhin veranlasst, eine Kommission zur Aufklärung dieser juristisch längst verjährten kriminellen Vorfälle einzurichten.

Dabei sollte auch geklärt werden, ob die politische Ebene damals von den Vorfällen Kenntnis erlangte und wie sie gegebenenfalls darauf reagierte. Die Kommissionsvorsitzende, Richterin Barbara Helige, erklärte dazu im Juni 2013 in einem Interview mit der Wiener Wochenzeitung *Falter*: „Die MA 11 wusste alles, bis 1973 war Maria Jacobi als verantwortliche Stadträtin und danach war Gertrude Fröhlich-Sandner zuständig. Wir haben Briefe an Jacobi gefunden. Sie war voll informiert – allerdings nicht über die sexuellen Übergriffe."

Massive sexuelle Übergriffe waren laut der Opfer an der Tagesordnung. Die Mädchen wurden regelrecht als „Sexsklavinnen" verkauft und mit Drohungen und Schlägen gefügig gemacht. Über 15 Jahre lang hat sich dort mutmaßlich Schockierendes abgespielt. Die Opfer schwiegen aus Scham oder aus Unkenntnis über ihre traumatisierenden Erlebnisse. Die meisten von ihnen sind körperlich und psychisch bis heute schwer geschädigt. Eine Wiedergutmachung dessen, was ihnen als Kinder und minderjährige Jugendliche nicht nur von den Tätern, sondern auch von den Mitwissern angetan wurde, ist wohl kaum mehr möglich. Erzieherinnen, die das Leid der Kinder nicht mehr ertrugen und sich bei der Anstaltsleitung beschwerten, wurden mundtot gemacht und versetzt, wenn sie sich an die Behörde wandten. Die Aufarbeitung eines dunklen Kapitels in der Geschichte der

Das dunkelste Kapitel des Schlosses begann 1961.

Spielende Kinder im Hof des ehemaligen Kinderheims am Wilhelminenberg.

Wiener Kinderheime ist bis heute nicht abgeschlossen. Insgesamt haben sich bisher rund 2000 Betroffene an den „Weißen Ring" gewandt, der von der Stadt Wien mit der Abwicklung der Entschädigungszahlungen beauftragt wurde (Stand 2014).

1986 wurde das Schloss saniert und zu einem Jugendgästehaus umfunktioniert. 1988 eröffnete nach 14 Monaten Bauzeit das stilgerecht adaptierte 3-Sterne-„Gästehaus Schloss Wilhelminenberg". Im Jahr 2000 wurde aus dem Gästehaus das 4-Sterne-Hotel „Schloss Wilhelminenberg". Äußerlich erinnert nichts mehr an das Kinderheim des Grauens. Schloss und Park präsentieren sich dem Besucher im Luxuskleid. Der großzügige Park mit traumhafter Aussicht auf Wien zählt zu den schönsten Plätzen der Wiener Aussichtsberge.

MEIN TIPP

Das Schloss Wilhelminenberg liegt am westlichen Stadtrand Wiens 16., Savoyenstraße 2. Es wird heute als Hotel genutzt und befindet sich inmitten einer 120.000 m² großen Parkanlage.

Feuer, Bomben
und Pogrom

FLUCH ÜBER
DEM MELKER HOF

Vorherige Seite:
Die Ruinen der
Synagoge auf dem
Judenplatz – durch
Feuer vernichtet

1., Schottengasse 3/Mölkerstiege/Mölkerbastei

Es scheint, als läge über dem Melker Hof, der Wiener Stadtresidenz der Äbte des Stiftes Melk in der Schottengasse, ein Fluch. Denn immer wieder war der Gebäudekomplex Gegenstand von Streit, Gerichtsverfahren und letztlich Opfer von Katastrophen. Seit seiner Errichtung im 14. Jahrhundert gibt es diese seltsame Häufung von Unfrieden, Unglück und Zerstörung. Schon 1438 wurde um die Nutzung des Regenwassers für den Garten gestritten, 1683 zerstörte eine türkische Kanonenkugel die Kapelle, 1862 brach Feuer aus und zerstörte den Dachstuhl und zuletzt schlug 1944 eine Bombe durch alle vier Stockwerke und tötete zehn Bewohner. Schon der erste Bau, der heute nicht mehr existierende sogenannte „Melkerhof vor dem Werdertor", war von Anfang an ein Zankapfel zwischen dem edlen Spender und den Melker Mönchen.

Der Melker Hof – Streit und Unglück ziehen sich durch die Geschichte des Hauses.

ÄRGER UND STREIT IN DER STADTRESIDENZ DER MELKER ÄBTE

Das Stift Melk besaß vermutlich schon Mitte des 13. Jahrhunderts ein Haus in der heutigen Heinrichsgasse 1, das ursprünglich Stephan, dem Sohn eines Wiener Fischers gehörte. Als er ins Kloster eintrat, vermachte er das Haus seinen Mitbrüdern. Da ihm aber letztlich das Klosterleben zu entbehrungsreich war, trat er aus dem Orden aus und forderte das Gebäude zurück. Daraufhin traten der Wiener Bürgermeister, der Richter und zwei Schöffen zusammen und entschieden, dass das Haus im Besitz des Klosters bleiben sollte. Dafür sollte Stephan jährlich eine bestimmte Menge Weizen, Wein, ein Mastschwein aus dem Marchfeld sowie zwei Pfund Wiener Pfennige erhalten. Darüber hinaus sollte ihm freistehen, innerhalb von zwei Jahren erneut ins Kloster aufgenommen zu werden und dort Herrenpfründe zu erhalten. Sollte er danach wieder aus dem Orden austreten, würde er aber das Anrecht auf Entschädigung verlieren, berichtet die Stadtchronik. Dieser „salomonischen Lösung" waren erbitterte Kämpfe um Haus- und Grundeigentum vorausgegangen. Die Parteien sollen einander und auch das Haus im Streit verflucht haben, „auf dass es niemandem zum Glücke gereiche". So zumindest erzählt es eine Wiener Sage. Die Wahrheit liegt wohl – wie immer – in der Mitte. 1439 wird der „Melkerhof vor dem Werdertor" zum letzten Mal erwähnt und dürfte daher kurz darauf verkauft

Die Keller boten
kaum Schutz vor dem
Osmanen-Sturm 1529
und den Bomben-
nächten 1944.

worden sein. Ob das Haus tatsächlich verflucht war oder nur baufällig? Wir
werden es nicht mehr erfahren. Fest steht, dass sich die Mönche bereits vor
dem Verkauf um eine neue Bleibe umsahen.

1438 kaufte das Stift ein dem Schottenkloster gegenüber gelegenes Haus, zu
dem auch ein „Vorhöfel" und ein kleiner Garten gehörten. Dieses Gebäude
bildet den Kern des heute noch existierenden Melker Hofs. Im Kaufvertrag
wurde unter anderem festgelegt, *„dass die Einfriedung erhalten bleiben müs-
se, das Regenwasser der zwei benachbarten Stadeln weiterhin in den Garten
fließen dürfe und die Fenster der Stadel nicht vermauert werden durften"*, wie

wir aus der Hauschronik erfahren. Immer wieder kam es zum Streit wegen der Vertragsbedingungen. Die Mönche waren offenbar wenig friedliebend in jener Zeit. „Es kann der Frömmste nicht in Frieden leben, wenn es dem bösen Nachbarn nicht gefällt", wusste schon Friedrich Schiller. Dreißig Jahre später kam es daher zum Prozess, da die Einzäunung abgefault war und ein von den Patres widerrechtlich angeeignetes „Secret" (ein Privatgarten) für Ärger sorgte. Es kam zu einem Vergleich, wobei das Kloster den Zaun reparierte und das „Secret" weiter nutzen durfte, es aber so oft als nötig zu räumen hatte. In diesem Urteil lag bereits der Keim für neuerlichen Unfrieden. Dieser umstrittene Garten bestand bis 1813. Später wurde ein kleines Gebäude darauf errichtet. Ein spärlicher Rest hat sich bis heute als „rock garden" (Steingarten) an der Mauer der Mölkerbastei in der Schreyvogelgasse erhalten.

TÜRKENKUGELN UND FEUERSBRUNST

1510 entstand die Melker-Hof-Kapelle im ersten Stock des Abt-Traktes. 1529 kamen die Türken erstmals bis vor die Stadtmauern von Wien. Der Melker Hof wurde zum Lazarett umfunktioniert und seine tiefen Keller dienten als Vorrats-und Munitionslager. Die damals errichtete Stadtmauer hat sich

Gedenktafel für die Bombenopfer

im Keller des Trachtenmodengeschäfts Tostmann erhalten. „Wie auch in anderen Häusern der Stadt wurden in den Kellern mit Erbsen gefüllte Trommeln sowie gefüllte Wasserbecken aufgestellt, welche die Erschütterungen der Arbeit von Mineuren erkennbar machten. Auf diese Weise konnte von einem Beobachtungsposten im Krautkeller eine Mine entdeckt und unschädlich gemacht werden", heißt es in den Annalen. Die türkischen Mineure hatten sich bis unter die Stadtmauer durchgekämpft und konnten erst in letzter Minute, bevor die Sprengung das Gebäude zerfetzt hätte, aufgespürt werden.

Da das Gebäude zu Beginn des 17. Jahrhunderts stark renovierungs- und erweiterungsbedürftig war, wurde der an der Schottengasse liegende Teil ab 1630 abgerissen und durch ein neues vierstöckiges Gebäude ersetzt, in dem auf dem Dachboden ein Getreidespei-

Im „Melker Stiftskeller"
kann man die Weine
der Wachau verkosten.

cher eingerichtet wurde. 1631 kaufte man abermals ein altes, schon ziem-
lich desolates Nachbarhaus, das sich bis 1481 zurückverfolgen lässt, an. Es
war ein eigenständiges Haus, der sogenannte Kleine Melkerhof. 1638 wurde
er abgerissen und ein neuer Trakt, die „neue Hofmeisterei", errichtet.

Nur fünfzig Jahre währte der Aufstieg des Melker Bischofssitzes in der
Schottengasse. Dann wirkte sich der „Fluch" erneut aus. 1683 belagerten die
Osmanen Wien. Der Melker Hof an der Stadtmauer stand ständig unter Beschuss. Eine Kanonenkugel aus dem türkischen Heerlager beschädigte ihn
schwer, und zwar an der verwundbarsten Stelle. „Eine Kugel drang bis in
die Melkerhofkapelle ein, wodurch ein Bild mit dem Gekreuzigten und der
Reliquienschrein zu Boden fielen, was als schlechtes Vorzeichen angesehen
wurde", verzeichnet die Chronik über das Ereignis. Nachdem die Türken-
gefahr überstanden war, kaufte Abt Berthold Dietmayr 1732 zwei weitere
benachbarte Häuser an. Auch diese sind urkundlich bereits 1452 erwähnt.

Mit einem weiteren Hauszukauf 1770 wurde der Melker Hof schlussendlich auf Anregung der Kaiserin Maria Theresia zum heutigen ansehnlichen Gebäudekomplex vereint.

Es sollte ihm aber kein dauerhafter Friede beschieden sein. Am 30. Juli 1862 zerstörte ein verheerendes Feuer den obersten Stock und den Dachstuhl. Es war ein brütend heißer Julitag, Mensch und Tier litten unter der Hitze. Die Wasserzisternen waren bis auf den letzten Tropfen geleert. Da entzündete sich das Getreidelager im Dachgeschoss. Die Feuerwehr war machtlos gegenüber der Gluthitze des Getreides, das lichterloh brannte. Der Dachstuhl war nicht mehr zu retten, der gesamte Getreidevorrat eines Jahres vernichtet. Wieder hatte das Schicksal zugeschlagen. Die Mönche retteten, was zu retten war, mussten aber vor dem Feuer kapitulieren. Im Zuge der Instandsetzung wurde das Gebäude dann um ein viertes Stockwerk erhöht.

BOMBENNÄCHTE IM LUFTSCHUTZKELLER

Kaum 80 Jahre später standen dem Hof wieder schwere Zeiten bevor. Während des Zweiten Weltkriegs zitterten die Wiener unter dem Beschuss der Bombengeschwader. Die mehrstöckigen Keller des Melker Hofes waren als Luftschutzkeller adaptiert worden. Die Menschen versteckten sich in den unterirdischen Gewölben, wo sie oft tage- und nächtelang ausharren mussten. Verbindungsstollen führten unter die Nachbarhäuser und zum Hauptausstieg im Volksgarten. Der Hof wurde am 10. September 1944 bombardiert und schwer beschädigt. Eine Bombe durchschlug alle vier Stockwerke im vierten Hof (Südosttrakt). Dabei kamen zehn Personen ums Leben. Wieder hatte es genau dieses Haus erwischt und wiederum war keine Rettung möglich. Eine Gedenktafel erinnert an die Todesopfer.

Heute sind 80 Wohnungen und Geschäfte im Gebäudekomplex untergebracht. In den labyrinthartigen Kellergeschossen befindet sich unter anderem der „Melker Stiftskeller", einer der ältesten Weinkeller Wiens mit Restaurantbetrieb. Die Kellerräumlichkeiten im nordwestlichen Teil wurden von der Geschäftsinhaberin Dr. Gesine („Gexi") Tostmann 1992 denkmalpflegerisch restauriert und in ihr Geschäftslokal mit einbezogen.

MEIN TIPP

Melker Hof (1., Schottengasse 3–3A, Mölker Steig 4, Schreyvogelgasse 4): Gedenktafel für die Todesopfer der Bombardierung von 1944 im Treppenhaus des zweiten Hofs

Der „Melker Stiftskeller" befindet sich im Zugang von der Schottengasse 3A.

Der „rock garden" in der Schreyvogelgasse ist der letzte Rest des ehemaligen Privatgartens der Melker Mönche.

MAHNMAL DES SCHRECKENS

1., Albertinaplatz/Helmut-Zilk-Platz

Einer der meist frequentierten Plätze im Stadtzentrum ist nicht nur ein historisch reicher Ort, umgeben von ehemaligen Adelspalais, dem Kunstmuseum Albertina und der Staatsoper, sondern auch ein Ort des Grauens. Der Albertinaplatz, seit einigen Jahren umbenannt in Helmut-Zilk-Platz (nach dem ehemaligen Wiener Bürgermeister Dr. Helmut Zilk, 1927–2008), hat sich wegen der dramatischen Ereignisse im Zweiten Weltkrieg bis heute in das Gedächtnis der Stadt eingeschrieben.

Was passierte hier? Welche dramatischen Szenen spielten sich in den Luftschutzkellern eines der größten und mondänsten Gründerzeithäuser ab? Bei der Bombardierung am 12. März 1945 wurde der Philipphof, ein Wohn- und Geschäftshaus, so schwer beschädigt, dass die Gebäudestruktur über den Luftschutzräumen in sich zusammenbrach. Mehr als 300 Personen, die im Keller Schutz vor der Bombardierung gesucht hatten, wurden dadurch unter dem einstürzenden Haus begraben. Die Bergung eines Großteils der Opfer konnte tragischerweise nicht durchgeführt werden – zu instabil und einsturzgefährdet waren die übrig gebliebenen Fassadenteile. Die Opfer ruhen bis zum heutigen Tag in den verschütteten Kellern des Philipphofes. Aus Pietätsgründen wurde der Platz nicht mehr verbaut.

Das Hrdlicka-Denkmal: Mahnmal gegen Krieg und Faschismus

EIN MAHNMAL GEGEN KRIEG UND FASCHISMUS

Der Stadtrat beschloss im Jahr 1983, den Wiener Bildhauer Alfred Hrdlicka (1928–2009) mit der Errichtung eines „Mahnmals gegen Krieg und Faschismus" auf dem Platz des Schreckens zu beauftragen. Das Mahnmal wurde allerdings aufgrund heftiger politischer Auseinandersetzungen – unter anderem über den endgültigen Aufstellungsort – erst fünf Jahre später realisiert. Die einzelnen Elemente des Kunstwerkes bestehen aus vier in einer Reihe postierten Teilen: das „Tor der Gewalt", der „straßenwaschende Jude", „Orpheus betritt den Hades" und der „Stein der Republik" mit dem Text der Unabhängigkeitserklärung. Die Bedeutung der einzelnen Elemente seines Mahnmals erklärte der Künstler in einem Interview mit der Stadtzeitung *Falter* im Jahr 1988 folgendermaßen:

„Orpheus betritt den Hades' bezieht sich auf die Bombenopfer in den Kellern des Philipphofs. Wer dort Zuflucht suchte, hat die Hölle betreten. Zum anderen ist Orpheus ein Gruß an Oper, Albertina und Theatermuseum, Stätten der Musen – feierlich gesagt. Was den straßenwaschenden Juden betrifft: Jeder

kann sagen: ‚Was in Auschwitz passiert ist, das weiß ich nicht.‘, aber was in Wien passiert ist, das haben die Wiener wissen müssen, das hat jedes Kind sehen können. Beim ‚Tor der Gewalt‘ geht es um Hinterlandskrieg und Front. Und zum Abschluss eine äußerst optimistische Sache: die Unabhängigkeitserklärung Österreichs, eingemeißelt in einen großen Granit.“

Das imposante Mahnmal zwingt uns, hinzusehen, nachzufragen und nachzudenken über jene Zeit von 1938 bis 1945, in der so viele wegsahen. Es beginnt mit einem Tor, dessen Pfosten sich als grob behauene Marmorblöcke auf granitenen Sockeln aufbauen. Dahinter kniet eine Bronzefigur am Bo-

Informationstafel auf dem Albertinaplatz

Der Straßen waschende Jude stellt die menschenunwürdigen „Reibepartien" dar.

den. Wiener Juden – Mitbürger seit vielen Generationen – wurden damals gezwungen, die Straßen auf Knien rutschend zu reinigen, mit einem Eimer Wasser und einer Zahnbürste. Man nannte sie die „Reibepartien". Kaum jemand hat sich damals darüber entrüstet, viele haben weggesehen, nicht wenige sogar applaudiert. Die Wiener Stadthistorikerin DDr. Anna Ehrlich betont, dass das Denkmal zunächst von einigen Passanten nicht als solches wahrgenommen wurde, viele hätten es für eine Sitzgelegenheit oder eine Kofferablage gehalten: „Der Stacheldraht war damals noch nicht da, und so wurden die Leute nicht dazu gezwungen, nachzudenken, worum es hier eigentlich geht. Obwohl es ganz einfach ist: Blickt man durch das Tor der Gewalt, wird einem erschreckend bewusst, dass hier ein Mensch mit einer Bürste auf dem Boden liegt."

Das *Mahnmal gegen Krieg und Faschismus* wurde 1988, zum 50. Jahrestag des Verlustes der österreichischen Eigenstaatlichkeit durch die Annexion an Hitler-Deutschland, enthüllt. Ein Teil des Denkmals, nämlich *Orpheus betritt den Hades,* ist den Opfern des Philipphofs gewidmet. In Stein gehauen für die Ewigkeit gedenkt das Kunstwerk der Gräuel des Krieges und der Opfer, die auf tragische Weise hier in einem Schutzraum ums Leben kamen.

MEIN TIPP

1., Albertinaplatz, heute Helmut-Zilk-Platz. Mahnmal von Alfred Hrdlicka auf dem Platz des ehemaligen Philipphofs. Gedenktafel für 300 Tote des Bombardements vom 12. März 1945

2 Juden Platz

ART|FORUM|

Kunst gegen das Vergessen | Art Against Oblivion

DIE WIENER GESERAH

Die Geschichte der Wiener Juden ist geprägt von Leid und Verfolgung. Zwar gab es Perioden der Toleranz und auch solche des friedlichen, prosperierenden Zusammenlebens aller Bürger, diese wurden jedoch immer wieder unterbrochen durch Vertreibung der Juden aus den ihnen zugewiesenen Stadtvierteln bis hin zum Mord. Ein bis heute in der Stadtgeschichte verankertes, dramatisches Ereignis war die sogenannte „Wiener Geserah" von 1421. Bei diesem umfangreichsten und blutigsten Pogrom des mittelalterlichen Wien wurde praktisch die gesamte jüdische Gemeinde ausgelöscht. „Geserah" ist ein hebräischer Begriff, der unter anderem Verfolgung von Juden durch eine nicht jüdische Regierung bedeutet. Mehrere Hundert Juden fanden bei den Verfolgungen in Österreich den Tod, die Wiener Judenstadt wurde verbrannt, die Synagoge abgerissen. Der Ort des Geschehens hat sich bis heute nicht erholt von den Wunden, die ihm damals geschlagen wurden. Was war passiert? Wie kam es zum abgrundtiefen Hass auf die jüdische Bevölkerung? Was waren die wahren Hintergründe der unfassbaren Morde?

Eine antisemitische Inschrift aus dem Jahr 1497 auf dem Jordanhaus bejubelt die Verbrennung der Judenstadt.

DIE ZWANGSTAUFE DER JUDEN

Am 23. Mai 1420 ließ Herzog Albrecht V. alle Juden im Herzogtum Österreich gefangen nehmen. Arme Juden wurden des Landes verwiesen, die Begüterten verblieben oft mehrere Monate in Haft. Mittels Folter wurde versucht, Angaben über angeblich vergrabene Schätze zu erpressen, aber auch, sie zur Taufe „zu überreden". Zahlreiche Juden kamen unter den unmenschlichen Haftbedingungen ums Leben oder begingen Selbstmord. Der Anlass des Pogroms: Seit 1419 waren im benachbarten Böhmen die „Hussitenkriege" im Gange. Hussitische Streifscharen verwüsteten immer wieder Dörfer auf österreichischem Gebiet. Vor diesem Hintergrund wurde das Gerücht gestreut, Juden hätten den feindlichen Hussiten Waffen geliefert. Historische Quellen bestätigen eine Kooperation von Juden und Hussiten jedoch nicht. Nachweisbar ist lediglich, dass die Juden zunächst der Entwicklung der hussitischen Bewegung mit begreiflicher Sympathie gegenüberstanden. Für diesen, ihnen in die Schuhe geschobenen „Verrat" rächte sich Albrecht grausam.

Als Ratgeber des Herzogs fungierte ein getaufter Jude, der dazu aufrief, auch Kinder unter 15 Jahren zwangsweise zu taufen. Um die Kinder vor dieser Schmach zu bewahren, kam es im Herbst des Jahres 1420 vermutlich in der Wiener Synagoge zu einem „kiddusch haschem" (Märtyrertod im Namen Gottes). Das Los fiel auf Rabbi Jona. Er sammelte die Kinder in der

Synagoge auf dem heutigen Judenplatz und zündete das Gotteshaus an. 150 Kinder und er selbst starben im September 1420 in den Flammen.

Im folgenden Frühjahr befanden sich nach den Verfolgungen noch 212 Juden, davon 92 Männer und 120 Frauen, in Wien. Sie wurden zum Tode verurteilt und am 12. März 1421 auf der Gänseweide in Erdberg verbrannt. Spätere Quellen berichten darüber, dass die Ursache dieser Hinrichtung eine angebliche Hostienschändung 1420 in Enns gewesen sei, die man den Juden zur Last legte. Auch hier wurde wieder ein Vergehen erfunden, um die Juden ihres Besitzes und Vermögens zu berauben. Der vorgeschobene Glaubenszwist hatte wirtschaftliche Hintergründe: Die herzogliche Schatulle war chronisch leer, und es waren die Juden, die diese füllten – freiwillig und unfreiwillig.

DAS MAHNMAL AM JUDENPLATZ

1421 wurde so die jüdische Gemeinde Wiens ausgelöscht, die zu einer der größten und wegen ihrer Gelehrsamkeit zu einer der berühmtesten in Europa zählte. Bis zum Jahr 1625 sollte keine jüdische Gemeinde mehr entstehen. Erst vor wenigen Jahren konnten die Reste der Synagoge, der Mittelpunkt des sozialen und religiösen Lebens, unter dem Pflaster des Wiener Judenplatzes wiedergefunden werden. Es war ein kleiner, eher einfacher Bau, aber dennoch eine der größten Synagogen im mittelalterlichen Europa. Erhalten hat sich davon kaum etwas, nur die untersten Schichten der Grundmauern haben dem Hass der Wiener widerstanden. 1421 riss man die ausgebrannte Synagoge ab, um das Andenken an die Juden völlig aus der Stadt zu tilgen.

Über den erhaltenen Grundmauern errichtete man im Jahr 2000 ein Mahnmal für die österreichischen jüdischen Opfer der Schoah. Der graue Betonkubus der britischen Künstlerin Rachel Whiteread mit einer Grundfläche von 10 mal 7 Metern und einer Höhe von 3,8 Metern stellt nach außen gekehrte Bibliothekswände dar. Die Regale sind mit scheinbar endlos vielen Ausgaben ein und desselben Buches bestückt, die für die große Zahl der Opfer und ihre Lebensgeschichte stehen. Im Sockel eingelassen befin-

Ein Mahnmal für die Opfer der Schoah

142

det sich die Auflistung aller Konzentrationslager, in denen österreichische Juden zu Tode gekommen sind. Das Mahnmal dominiert den Platz und drückt ihm seinen Stempel auf.

DAS JORDANHAUS

Ein Mahnmal der seltsamen Art ist das sogenannte Jordanhaus auf dem Judenplatz, benannt nach dem einstigen Besitzer Georg Jordan. Eine 1497 angebrachte und heute als diskriminierende Hetzkampagne empfundene, antisemitische Inschrift in lateinischer Sprache bejubelt das grausame Verbrechen von 1421. Die hochdeutsche Übersetzung lautet:

„Durch die Fluten des Jordan wurden die Leiber von Schmutz und Übel gereinigt. Alles weicht, was verborgen ist und sündhaft. So erhob sich 1421 die Flamme des Hasses, wütete durch die ganze Stadt und sühnte die furchtbaren Verbrechen der Hebräerhunde. Wie damals die Welt durch die Sintflut gereinigt wurde, so sind durch das Wüten des Feuers alle Strafen verbüßt."

Über der Inschrift befindet sich ein gotisches Relief, das die Taufe Jesu im Jordan durch Johannes den Täufer zeigt. Der ehemalige Hausbesitzer hat sich darauf als Drachentöter selbst verewigt. Bis ins 18. Jahrhundert befand sich an dem Hause ein Schild, auf dem geschrieben stand: *„A(nn)o 1421 warden die Juden hie verbrendt"* – Jörg Jordan 1497". Die unverblümte Anspielung auf das Massaker in der Synagoge sowie auf die anschließende Verbrennung der Überlebenden blieb lange Zeit unbeachtet. Erst durch die Ausgrabung der Synagoge in den Jahren 1995 bis 2000 erfuhr die historische Darstellung ihre ganze Bedeutung. Die Wiener Stadtverwaltung entschied nach langen Diskussionen, das Relief als Mahnmal an Ort und Stelle zu belassen. Eine Gedenktafel am Haus Judenplatz 6 nimmt auf die antisemitische Inschrift am Jordanhaus Bezug. Sie wurde von Kardinal Christoph Schönborn am 29. Oktober 1998 mit einem Eingeständnis des christlichen Versagens angesichts der Ermordung der europäischen Juden angebracht. Der einstige Ort des Grauens ist auf diese Weise im Gedächtnis der Stadt verankert. Bleibt zu hoffen, dass die Zeit seine Wunden heilen und ihn zu einem Ort des Friedens machen wird.

MEIN TIPP

Am Judenplatz 8 befindet sich das sogenannte Misrachi-Haus, das heute Teil des Jüdischen Museums Wien ist. Die Überreste der ehemaligen Synagoge sind unter dem Platz zu besichtigen. Eine eindrucksvolle Schau demonstriert Größe und Aussehen der einstigen Judenstadt.
Öffnungszeiten: So. bis Do. 10.00–18.00 Uhr, Fr. 10.00–17.00 Uhr.
Kontakt: www.jmw.at

DER RINGTHEATERBRAND

1., SCHOTTENRING 7–9

Eine der schlimmsten Feuerkatastrophen Wiens ereignete sich am 8. Dezember 1881. Es war der Brand des ehemaligen Ringtheaters, eines ab 1872 am Schottenring neu errichteten Hauses mit der Konzession für „komische Oper, theatralische Vorstellungen jeder Art und des Balletts". Da das Theater 1700 Personen fassen sollte, strebte der Architekt Emil von Förster eine Raumerweiterung nach oben an und erreichte das durch eine verschachtelte Gliederung von Vestibülen, Gängen und Treppenhäusern. Von Anfang an – die Eröffnung war 1874 – wechselten die Direktoren häufig, Es gelang keinem, das Haus zum Erfolg zu führen, zeitweise war es sogar geschlossen. Zu den finanziellen Schwierigkeiten kamen auch immer wieder technische Probleme hinzu. Am 1. Juni 1881 pachtete Franz von Jauner (1831–1900), Schauspieler und erfahrener Intendant, das Schauspielhaus. Man hegte die Hoffnung, dass unter seiner kundigen Leitung das Unternehmen endlich gedeihen werde. Diese Hoffnung wurde jedoch mit einem Schlag auf das Furchtbarste zunichte gemacht.

Der Ringtheaterbrand von 1881 hat sich in das kollektive Gedächtnis der Stadt eingegraben.

ALLES GERETTET! ... 485 VERBRANNT

Am 7. Dezember 1881 feierte man die geglückte Uraufführung von „Hoffmanns Erzählungen". Alles sprach für eine Wiederholung des Erfolges am darauffolgenden Abend. Am 8. Dezember, dem katholischen Feiertag Maria Empfängnis, war das Theater gut gefüllt; Adel und Bürgertum gaben sich ein Stelldichein.

„Als die Besucher für den Vorstellungsbeginn um 19 Uhr ihre Plätze einnahmen, wurde hinter der Bühne bei fünf Schaukästen die Gasbeleuchtung entzündet. Durch Versagen der elektropneumatischen Zündvorrichtungen strömte Gas aus, welches beim nächsten Zündversuch explodierte. Das entstandene Feuer sprang auf die Prospektzüge über, bevor es sich rasch über den Rest der Bühne und schließlich im Zuschauerraum ausbreitete."

So berichtete die *Neue Freie Presse* später über den Unglücksverlauf. Erst eine halbe Stunde nach dem Ausbruch des Feuers versuchte man die Zuschauer zu retten. Allein, es war zu spät. Die Öllampen der Notbeleuchtung waren aus Geldmangel nicht gefüllt, die Türen gingen nur nach innen auf, sodass die flüchtende Menge sich selbst den Ausgang versperrte und der Luftzug durch geöffnete Fenster fachte das Feuer noch mehr an. Das Schlimmste aber war die Fehleinschätzung der Lage durch den Polizeirat

Anton Landsteiner: Er hielt die Retter davon ab, zu den Eingeschlossenen vorzudringen. Der Ausruf „Alles gerettet!" war der Todesstoß für die Hunderten Opfer dieser Brandkatastrophe. 384 waren es nach offiziellen Angaben, 485 sollen es tatsächlich gewesen sein und einige Quellen sprechen sogar von annähernd tausend Todesopfern.

Ihre sterblichen Überreste wurden am Zentralfriedhof beigesetzt, heute ziert ein Gedenkstein die anonymen Gräber der Gruppe 30 A, unweit des Haupteinganges (Tor 2). Von der ehemals pompösen Gedenkstätte ist nur noch ein kleiner Teil vorhanden. Die Balustrade, die Stiegen, die Wand mit den Palmetten und den Namen der Verunglückten wurden im Zweiten Weltkrieg zerstört. Zur Erinnerung wurde ein Torso belassen. Der Gedenkstein ist immer mit Blumen geschmückt. Es sind die Hinterbliebenen, die bis heute trauern. Einige berichteten der Autorin anlässlich der Recherchen zu diesem Buch, dass sie manchmal Weinen aus den Gräbern vernehmen würden. Sie selbst würden dabei in Tränen ausbrechen ...

Unter den Toten befand sich auch Ladislaus Vetsera (1865–1881), ein Bruder von Mary Vetsera, der als Siebzehnjähriger die Kadettenschule Mölkerbastei besuchte und mit seiner Klasse der Theateraufführung beiwohnte. Welche Auswirkungen der tragische Tod des älteren Bruders auf die damals zehnjährige Mary hatte, wissen wir nicht. Dass es die schwärmerische Liebe für den Kronprinzen Rudolf, der dem Bruder ähnlich gewesen soll, beeinflusste, wäre denkbar. Somit hätte der Ringtheaterbrand indirekt eine furchtbare Nachwirkung bis zum tragischen Tod Marys im Januar 1889 gehabt.

Als Folge des verheerenden Brandes wurde die „Wiener Rettungsgesellschaft" gegründet, die bis heute besteht. Für den Theaterbetrieb wurden strenge Brandschutzauflagen eingeführt. So gehen die Einführung des Eisernen Vorhangs, die zwingende Notbeleuchtung, die Öffnung der Türen nach außen und die durchgehende Präsenz von Polizei und Feuerwehr auf dieses grauenvolle Ereignis zurück.

Theaterintendant Franz Ritter von Jauner wurde als Verantwortlicher zu drei Jahren Freiheitsstrafe verurteilt, aber nach nur einigen Wochen Gefängnisaufenthalt durch einen kaiserlichen Gnadenakt entlassen. Nach weiteren glücklosen Unternehmungen – die Schulden wurden immer größer – beging er am 23. Februar 1900 Selbstmord. Seine letzte Ruhestätte fand er auf dem Ober Sankt Veiter Friedhof.

ANTON BRUCKNERS FEUERTRAUMA

Das Feuerdrama beschäftigte die Wiener Presse noch lange Zeit. Immer wieder meldeten sich Personen, die aus unterschiedlichen Gründen der Katastrophe entkommen waren. Meist hatten sie bereits Karten gekauft, konnten aber der Vorstellung aus verschiedenen Gründen nicht beiwohnen. So auch einer der berühmtesten Musiker der Zeit, Anton Bruckner.

2 kr.

Redaction:
Wohin alle Zuschriften zu richten sind
IX., Berggasse 31.

Pränumerationspreise
Für Wien:
Morgen- und Abendblatt

Illustrirtes Wiener

Extrablatt.

Eigenthümer und Herausgeber: J. J. Singer.

Abend-Ausgabe.

2 kr.

Expedition und Inseraten-Bureau
I., Schulerstraße 18.

Pränumerationspreise
Für die Provinzen:
Morgen- und Abendblatt

Nr. 339.   Wien, Freitag, 9. December 1881.   **10. Jahrgang.**

Das große Feuergrab auf dem Schottenring.

Haarsträubendes Entsetzen ist seit gestern Abends das einzige Gefühl der Residenz.

Das große Unglück hat, wie es das Weib von der Seite des Mannes, das Kind aus den Armen der Mutter, den Bruder vom Bruder gerissen, wieder auch die einander sonst Fernstehenden in einer Allen gemeinsamen Empfindung zusammengeführt und ganz Wien bildet heute eine einzige millionenköpfige Familie, die trauernd am Rande des großen Feuergrabes steht, das ungezählte, unzählbare Leben verschlungen.

Die Hand des Schicksals hat uns schwer getroffen. Mit vernichtender Wucht sauste sie nieder unter die frohgemuthe Bewohnerschaft dieser schönen Stadt und geschmückte Männer, Frauen und Kinder, alle zu gleicher Hilflosigkeit gegenüber der gräßlichen Katastrophe verurtheilend, und trug die Verzweiflung in Hunderte von Familien.

Es war ein Tag des Zornes, dessen Schrecken keine Schilderung zu erschöpfen vermag. Der

8. December 1881 hat uns eine Trauer gebracht, die ihre düsteren Schatten hinwerfen wird über ein volles Lebensalter, über ein ganzes Geschlecht.

Der Zeichner des „Extrablatt" hat gleich unter dem ersten Eindruck des entsetzlichen Unglückes ein Bild von der schauerlichen Scenerie zu entwerfen versucht; aber unser Leser werden in der Skizze gleichsam nur einen wilden Aufschrei erblicken. Eine menschliche Hand ist in solchen Momenten nicht im Stande, das Regel in den Schreckenstaumel zu bringen, ... unter den Eindrucke des naturgewaltig ... Elementes alle Seelen erfaßt.

Wien, die Stadt der ... und des frohsinnes, ist heute in tiefe ... versenkt und der Schmerz wohnt nicht in ... er zeigt sich draußen auf dem ... Eine große Zahl von Geschäften ... Fabriken ganze Familien verschwunden,

andere niedergeschmettert und unfähig zum Weiterspinnen des eigenen Lebensfadens durch den Verlust eines theuren Angehörigen.

Die vorstehende Skizze kann trotzdem den Anspruch erheben, mit photographischer Treue einzelne Details der Katastrophe abzuspiegeln. Links ist das Ringtheater mit seinen tausend Flammenzungen, hinleuchtend über eine große, im Todesschrecken erstarrte Stadt, abgebildet.

Rechts ist uns ein Blick in das Innere des brennenden Baues, von der Maria-Theresien-Straße aus gesehen, gestattet. Es stellt den Zusammenbruch des Treppenhauses zur dritten und vierten Galerie vor.

Das Mittelbild zeigt uns die Thätigkeit der Rettungsmänner vor dem feuerfrei gebliebenen Haupteingang. Die „Geretteten" an dieser Stelle waren schon verloren, der Rachen des Todes, wie er da gähnend weit sich aufgethan, gibt kein Menschenkind lebend mehr heraus!

Die Wiener Fremdenführerin Hedwig Abraham erzählt über Bruckners Feuertrauma:

„Einem glücklichen Zufall hatte es Anton Bruckner zu danken, dass er die größte Brandkatastrophe in der Geschichte Wiens überlebte. Der Sohn eines Dorfschullehrers aus Oberösterreich wohnte seit 1877 in dem an das Ringtheater grenzende Eckhaus Schottenring/Heßgasse. Er hatte für die Vorstellung von ‚Hoffmanns Erzählungen' am 8. Dezember 1881 bereits Karten besorgt, blieb jedoch – da er sich nicht wohlfühlte – zu Hause. Und wurde Zeuge des schrecklichen Geschehens in seiner unmittelbaren Nachbarschaft. Bruckner musste von seinen Fenstern aus mit ansehen, wie das Bühnenhaus in einem Flammenmeer unterging. Und wie 384 Leichen aus dem Theater getragen wurden. Er litt von da an unter einem schrecklichen Trauma, hatte panische Angst vor Feuer, konnte keine Petroleumlampen mehr verwenden, weil er sich ständig vor Explosionen fürchtete. Da er die Nähe der gespenstischen Ruine des Ringtheaters nicht mehr ertrug, ersuchte er um Zuteilung einer anderen Wohnung. Diese wurde ihm erst 1895 bewilligt, als er, unter der Wassersucht leidend, nicht mehr Stiegen steigen konnte."

Der Vollständigkeit halber sei noch erwähnt, dass ein berühmter österreichischer Schriftsteller als Baby das Feuerdrama ebenfalls miterlebte. Es war Stefan Zweig, der am 28. November 1881 als Sohn eines wohlhabenden jüdischen Textilunternehmers im Haus Schottenring 14 geboren wurde. Er war also nur zehn Tage alt, als das seinem Geburtshaus gegenüberliegende Theater lichterloh brannte. Ob das Feuer, die Demolierung, der Wiederaufbau 1885 und das zweifelsohne im Familienkreis besprochene Ereignis auf das Kind und den späteren Schriftsteller Zweig Auswirkungen hatten, darf angenommen werden.

DAS SÜHNHAUS … EINE GLÜCKLOSE ADRESSE

An der Unglücksstelle ließ Kaiser Franz Joseph als „Geste der Huld" aus privaten Mitteln das kaiserliche Stiftungshaus, genannt „Sühnhaus", errichten. Die Erträge dieses Miethauses sollten laut kaiserlicher Anordnung für ewige Zeiten wohltätigen Stiftungen zufließen. Aufzeichnungen darüber wurden akribisch geführt und sind heute noch einsehbar. Demnach wurden die Erträge – zwar nicht an die Hinterbliebenen der Brandkatastrophe (wie man in vielen Zeitungen liest) – aber doch an ausschließlich karitative Einrichtungen verteilt: an Heime für ledige Mütter, mehrere Spitäler in Wien, Versorgungsanstalten für Blinde etc. Im zweiten Stock des Gebäudes erinnerte eine Kapelle zur *Unbefleckte Empfängnis* an die Opfer des Brandes.

Obwohl die Mieten günstig waren, konnten die Wohnungen nur schleppend vergeben werden. Zu unheimlich war den Menschen der Ort noch Jahre später. Zu den ersten Mietern ab 1885 gehörten der Architekt selbst,

Friedrich von Schmidt, und der Psychoanalytiker Dr. Sigmund Freud, der hier seine erste Praxis einrichtete. Doch verließ Freud dieses auch für ihn unglückselige Haus 1891, nachdem sich eine seiner Patientinnen aus dem Treppenhausfenster des dritten Stockwerks gestürzt hatte. Der Selbstmord von Pauline Silberstein am 14. 5. 1891 ereignete sich allerdings, bevor sie zur Behandlung in die Praxis kam. Doch hatte Freud zuvor seinem Jugendfreund Eduard Silberstein von einer Ehe mit Pauline aufgrund deren psychischer Krankheit abgeraten. Auch Freuds erstes Kind Mathilde, das im „Sühnhaus" geboren wurde, war ständig krank. Allerdings lebte die „chronisch Invalide", wie Freud sie nannte, letztlich länger als alle ihre Geschwister und erreichte ein Alter von 91 Jahren.

Zieht das Haus das Unglück an? Oder ist es der Ort, der zwischen zwei ehemaligen Hinrichtungsstätten – „Am Rabensteig" und dem Schottentor – liegt? Und was sollte eigentlich hier gesühnt werden? Die Bezeichnung „Sühnhaus" gibt Rätsel auf, denn Kaiser Franz Joseph kann die Schuld am Ringtheaterbrand nicht angelastet werden. Zur damaligen Zeit waren Brandschutzmaßnahmen nur rudimentär vorhanden. Die unfassbare Fehleinschätzung der Polizei betraf den Kaiser als ersten Beamten des Staates zwar sehr wohl, verlangte jedoch eher nach einer internen Reform des Apparates und der Gesetze, was ja auch dann erfolgte.

Auch später wurde der Ort zum Schauplatz von Feuerkatastrophen. Das Sühnhaus fiel 1945 einem Bombenangriff zum Opfer. Während des Zweiten Weltkriegs waren die Keller als Luftschutzräume adaptiert worden. Die Brandruine wurde 1951 abgerissen. Heute steht an ihrer Stelle die Bundespolizeidirektion, erbaut über dem sehr tiefen, drei Untergeschosse umfassenden Kellern des ehemaligen Theaters und Sühnhauses. 18 Meter unter der Erde befindet sich ein Relikt des Kalten Krieges: ein mehrstöckiger Bunker aus dem Jahr 1971 sowie eine Tiefgarage.

In diesen Kellern gibt es ein unerklärliches Phänomen: Schwarze Handabdrücke zeigen sich an der Kellerdecke der Tiefgarage und des Bunkers. Sie kommen auch nach Übermalung immer wieder durch, und zwar in drei bis vier Metern Höhe. Natürlich könnte man Handwerker als Verursacher verdächtigen. Es wird aber glaubhaft versichert, dass dem nicht so sei. Woher die schwarzen Hände kommen, bleibt ein Rätsel.

SPUK IM ELEFANTENHAUS

Eine weitere rätselhafte Spur führt uns in den Tiergarten Schönbrunn. Dort wurde in den 1990er-Jahren im Keller des alten Elefantenhauses, des jetzigen Pandageheges, über Monate eine unheimliche Geistererscheinung gesichtet. Und zwar von mehreren der Elefantenpfleger, die damals Dienst taten. Bei den Geistern handelte es sich um gut gekleidete Menschen in Abendroben, die schweigend und gespenstisch durch den Keller zogen. Immer wieder, Abend für Abend. Manchmal, in unregelmäßigen Abständen,

Die Torflügel des Ringtheaters zeigen die Köpfe „Die Komödie" und „Die Tragödie". Heute befinden sie sich im Bezirksmuseum Innere Stadt.

hörten die Pfleger auch Klopfgeräusche aus dem Keller. Auch die Elefanten hörten offenbar das unheimlichen Klopfen und wurden unruhig. Es dauerte geraume Zeit, bis sie sich wieder beruhigten. Ein halbes Jahr nach Auftreten der unheimlichen Vorkommnisse im alten Elefantenhaus erschien im gegenüberliegenden ehemaligen Sumpfvogelhaus, das später abgerissen wurde, fast täglich ein männlicher Geist. Er stand schweigend und starr im Besucherbereich. Immer wenn man ihn direkt ansah, verschwand er. Aus den Augenwinkeln war er aber deutlich sichtbar. Ein spirituelles Medium wollte mit dem Menschen-Geisterzug vom Elefantenkeller telepathisch Kontakt aufnehmen, es gelang aber nicht. Mit dem männlichen Geist im Sumpfvogelhaus glückte der Kontakt allerdings sofort. Eine Konversation entstand trotzdem nicht. Er sagte immer nur: „So viele sind verbrannt, so viele sind verbrannt".

Zunächst konnte das Medium mit diesen Worten nichts anfangen, bis durch Zufall das Gespräch auf den Ringtheaterbrand kam. Danach suchte man nach Berichten über die Katastrophe und fand ein Bild von Theaterdirektor Franz Jauner. Plötzlich erkannten alle Beteiligten: Das war der Geist im alten Sumpfvogelhaus! Die Leute in Abendroben, die durch den Keller des alten Elefantenhauses zogen, waren vermutlich die verbrannten Theaterbesucher. Warum sie im Schönbrunner Tiergarten erschienen, blieb ein Rätsel. Hat es mit Kaiser Franz Joseph zu tun, der das Sühnhaus erbaute und die Mieteinnahmen zur Wiedergutmachung karitativen Zwecken spendete? Könnten Bauteile des Ringtheaters – wie andernorts – auch im Tiergarten verwendet worden sein? Die 1772 errichtete „Dickhäuterloge" wurde nach der Anschaffung des ersten afrikanischen Elefanten um 1890 umgebaut und vergrößert. Gut möglich, dass Eisentraversen des Theaters zu Gitterstäben umgearbeitet wurden.

WAS BLIEB VOM RINGTHEATER?

Die Reste des Ringtheaters sind in alle Winde verstreut: Zwei Türen bewahrt das Bezirksmuseum im Alten Rathaus auf, einige Treppen wurden im 16. Bezirk, in der Dettergasse 6, in einem Privathaus verbaut. Zwei der Säulen des Ringtheaters wurden in der Kirche von Kaisermühlen verwendet. Eine weitere Säule befindet sich in Baden in der Weihburgstraße 35. Darauf steht eine Immakulata-Figur, der Ringtheaterbrand hatte sich ja wie erwähnt an „Maria Empfängnis" ereignet. Im Pötzleinsdorfer Schlosspark haben die vier Attikafiguren von der Theaterfassade, das sogenannte „Sängerquartett", seit 1970 eine würdige Aufstellung gefunden. Sie stehen überlebensgroß mit togaartigen Umhängen in den Parkwiesen. Der weiße Kalkanstrich aus 2004 lässt die Figuren mit ihren geöffneten Mündern umso gespenstischer aussehen. Sie wirken wie verzauberte Wesen, die mitten im Gesang versteinert wurden.

MEIN TIPP

1., Schottenring 7–9: Auf dem Platz des ehemaligen Ringtheaters und späteren Sühnhauses steht die Landespolizeidirektion Wien. Heute erinnert an den Brand nur noch eine Gedenktafel am Polizeigebäude.

1., Gedenktafel an Stefan Zweig an der Fassade des Hauses
Schottenring 14 gegenüber

1., Wipplingerstraße 6–8: Im Bezirksmuseum sind Dokumente,
Bilder und die Türen des Ringtheaters ausgestellt.
Geöffnet Di. und Do. 16.00–18.00 Uhr

11., Zentralfriedhof, Tor 2, Gruppe 30 A: Gedenkstein für die Opfer
des Ringtheaterbrandes

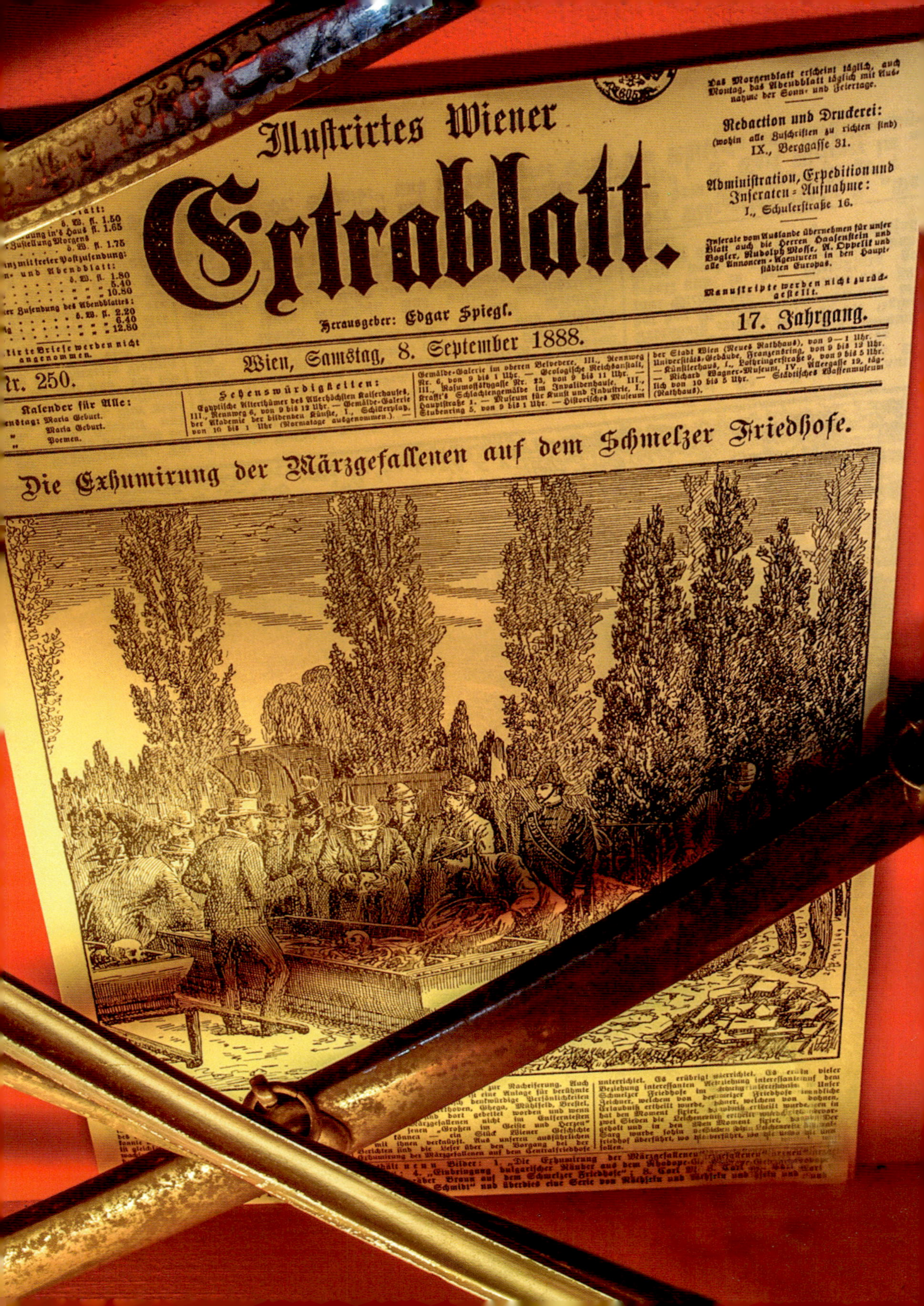

Illustrirtes Wiener Extrablatt.

Herausgeber: Edgar Spiegl.

17. Jahrgang.

Wien, Samstag, 8. September 1888.

Das Morgenblatt erscheint täglich, auch Montag, das Abendblatt täglich mit Ausnahme der Sonn- und Feiertage.

Redaction und Druckerei:
(wohin alle Zuschriften zu richten sind)
IX., Berggasse 31.

Administration, Expedition und Inseraten-Aufnahme:
I., Schulerstraße 16.

Inserate vom Auslande übernehmen für unser Blatt auch die Herren Haasenstein und Vogler, Rudolph Mosse, A. Oppelit und alle Annoncen-Agenturen in den Hauptstädten Europas.

Manuscripte werden nicht zurückgestellt.

Nr. 250.

Die Exhumirung der Märzgefallenen auf dem Schmelzer Friedhofe.

Schauriges im Museum

WIENER KRIMINALMUSEUM

2., GROSSE SPERLGASSE 24

*Vorherige Seite:
Die Wiener Museen
bewahren gruselige
Exponate auf.*

In einem Buch über Orte des Grauens darf jener Ort in Wien nicht fehlen, der wie kein anderer das Böse im Menschen repräsentiert: das Wiener Kriminalmuseum. „In zwanzig Räumen durchschreitet der Besucher die Geschichte des Justiz- und Polizeiwesens sowie der Kriminalität vom späten Mittelalter bis in neue Zeit. Das ‚dunkle Wien' der letzten dreihundert Jahre wird beim Gang durch das Kriminalmuseum wieder lebendig", heißt es vielsagend in der Beschreibung des Museums. Man möchte meinen, dass der Anblick von abgetrennten Gliedmaßen, strangulierten Opfern und am Galgen baumelnden armen Sündern wohl nicht ein großer Publikumsmagnet sein kann. Aber weit gefehlt: Tausende Besucher jährlich zählt dieses Gruselkabinett. Von österreichischen Schulklassen bis ausländischen Militärdelegationen, von Wientouristen bis Filmcrews aus Schanghai, alle wollen das Grauen hautnah spüren. „Der Besuch des Museums gehört auch zur Grundausbildung der angehenden Polizisten, Juristen und Mediziner", erzählt der Museumsleiter und Historiker Mag. Harald Seyrl.

Das Museum befindet sich in einem der ältesten Häuser der Leopoldstadt, im sogenannten „Seifensiederhaus". Der Name des Hauses beruht darauf, dass es 1794 von einem Seifensieder gekauft und bewohnt wurde. Man sieht dem kleinen, idyllischen Häuschen von außen nicht an, welch grauenvolle Sammlung an Mordwerkzeugen, Hinrichtungsgeräten und lebensecht dargestellten Bluttaten sich in seinem Erd- und zwei Kellergeschossen befindet. Selbst der romantische Innenhof mit seinem Schöpfbrunnen, den Pawlatschen und den alten Bäumen kann nicht darüber hinwegtäuschen. Nicht nur die Museumsexponate erzählen von Mord und Totschlag, auch das Gebäude selbst steht auf blutgetränktem Boden. Nämlich an jener Stelle im ehemaligen „Unteren Werd", wo sich zuvor das Gemeindehaus der von Kaiser Leopold I. vertriebenen Juden befunden hatte. Dieses wurde zerstört, als man die Synagoge 1670 in Brand steckte. An seiner Stelle wurde über den alten Mauern 1685 das „Seifensiederhaus" errichtet. Die Kellergeschosse stammen noch aus der ehemaligen Judenstadt.

Das Wiener Kriminalmuseum – nirgendwo sonst wird das Böse im Menschen so drastisch dargestellt.

SELTSAME VORFÄLLE

Mitarbeiter und Besucher des Museums berichten immer wieder von kalten Schauern, die ihnen über den Rücken laufen, je tiefer sie in die unterirdischen Gewölbe des Gebäudes hinabsteigen. Auch seien nach der Sperrstunde Schritte und Stimmen zu hören. Es seien Schatten zu sehen und in einigen Räumen fühle man sich nie alleine. Diese Eindrücke und Ereignisse wiederholten sich, manchmal seien sogar „Gestalten" zu sehen, die sich bewegen oder still vor den Vitrinen stünden.

Man wandte sich daraufhin an die *Vienna Ghosthunters*, einen Verein, der sich mit der Aufklärung von Spukphänomenen befasst. Sie wurden gebeten, das Gebäude auf mögliche unnatürliche Vorkommnisse zu untersuchen. Die Mitglieder rückten zunächst ohne die sonst üblichen Apparate an, um sich ein Bild von der Situation zu machen. Es wurde ein konfessionelles Ritual abgehalten, das Museum ausgeräuchert und von „Fremdpräsenz" gereinigt. Danach sei Ruhe eingekehrt und man dachte, damit wäre es wohl getan.

Allerdings hielt dieser Friede nicht lange an. Wieder kam es zu den sonderbaren Erscheinungen. Abermals rückten die Geisterjäger an. Diesmal mit Tonaufzeichnungsgeräten und Filmkameras: „Recht schnell war ein drückendes Gefühl bemerkbar, welches uns innerlich in eine Art Alarmbereitschaft versetzte. Dies lag jedoch eindeutig an den Exponaten und an diversen Bildern, die im Museum vorzufinden sind. Man wird sehr intensiv mit dem Thema Mord, Tod und Gewalt konfrontiert. Innerlich

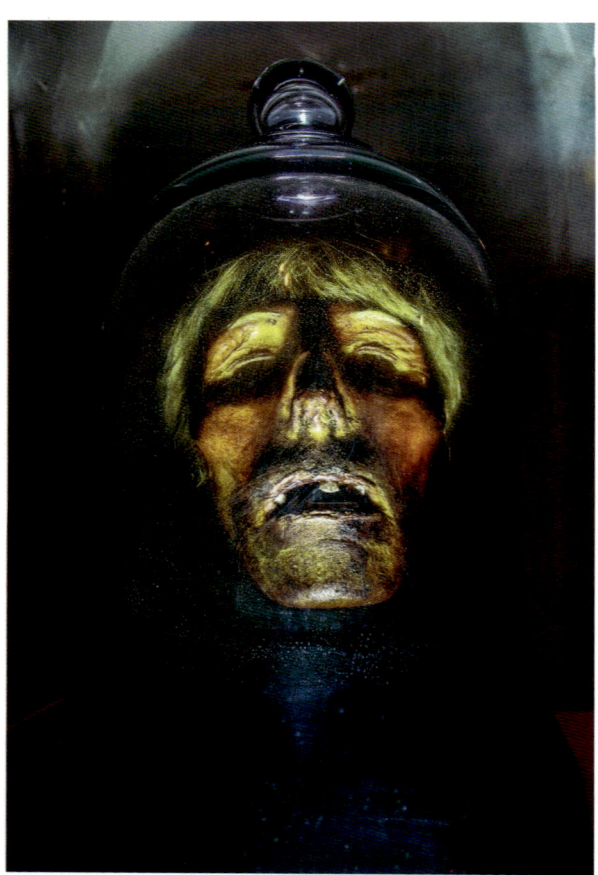

Der mumifizierte Kopf eines Gehenkten

aufgewühlt kann das dann schon zu ungewöhnlichen Erfahrungen führen", berichtete der Obmann des Vereins. Das Team ließ die düstere Atmosphäre der Räume auf sich wirken. Es wurden Ton- und Videoaufnahmen, Fotos, Elektro-Magnetfeld-Messungen und laufende Temperaturmessungen getätigt. Speziell zwei Räume wiesen einen konstanten Luftzug auf, was die Ursache für die „kalten Schauer" sein könnte. Die Tonaufnahmen waren alle ergebnislos, und – abgesehen von der eigenen unangenehmen Empfindung – konnte nichts Messbares wahrgenommen werden.

Am 10. Jänner 2015 besuchten die Geisterjäger das Kriminalmuseum abermals. Der Besuch verlief ruhig und ohne große Erwartungshaltung. Umso interessanter waren dann die Materialauswertungen. Auf den ersten Blick erkannte man nichts Besonderes auf den Bildaufnahmen. Sah man jedoch genauer hin, bemerkte man die Spiegelungen von zwei Personen im Glas der linken Vitrine. Eine Person war der In-

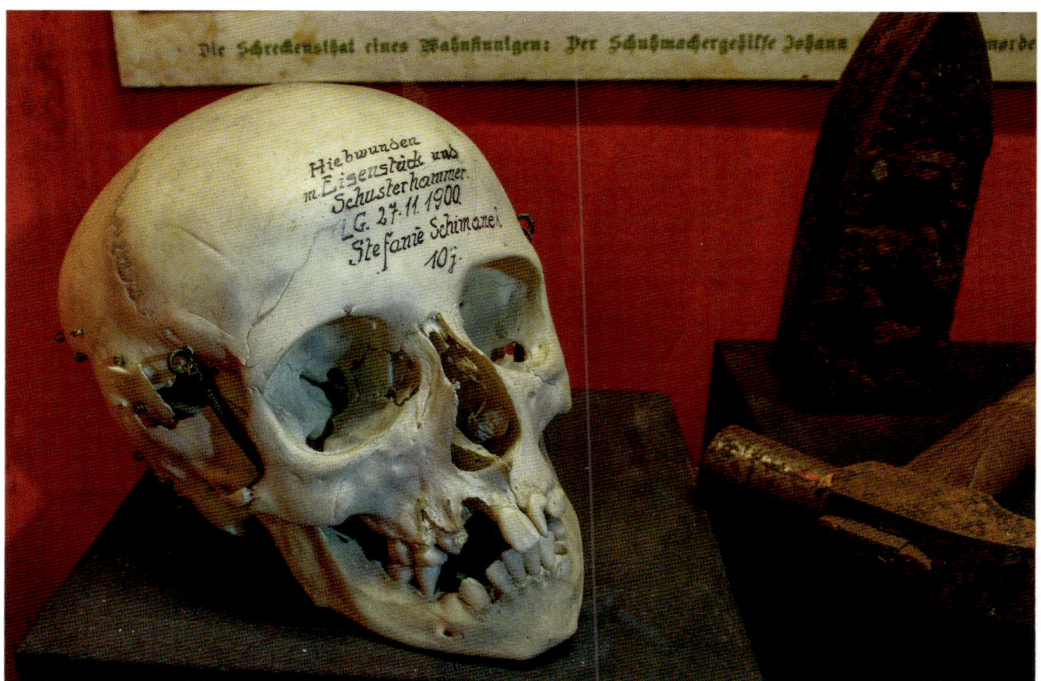

Das Eisen des Schuster-hammers steckt noch im Schädel eines Mordopfers aus 1900.

vestigator, aber wer war die zweite Person daneben? Es war sonst niemand im Raum, ein Spiegeleffekt derselben Person ist ebenfalls auszuschließen. Es ist rätselhaft, was die Kamera aufgenommen hat. Vielleicht handelt es sich beim Spuk des Kriminalmuseums tatsächlich um feinstoffliche Präsenzen? Das labyrinthartige Museum würde sich auf jeden Fall ausgezeichnet als Schauplatz für einen Krimi oder eine Spukgeschichte eignen. Bis dato jedenfalls hat sich noch kein „echter" Fall im Museum ereignet.

MEIN TIPP

Wiener Kriminalmuseum: 2., Große Sperlgasse 24,
Öffnungszeiten: Do. bis So. 10.00–17.00 Uhr.
Kontakt: www.kriminalmuseum.at

Vienna Ghosthunters – Verein für paranormale Untersuchungen:
www.viennaghosthunters.net

DAS VERHÜTUNGSMUSEUM

15., MARIAHILFER GÜRTEL 37

Die Verhütung von ungewollten Schwangerschaften war zu allen Zeiten ein zentrales Thema der Menschheit. Die Verantwortung lag aber meist nur bei der Hälfte derselben, nämlich bei den Frauen. Erst 1930 entdeckten Prof. Hermann Knaus aus Graz und (zeitgleich) der Japaner Kyusaku Ogino die fruchtbaren Tage um den Eisprung. Durch ihre Erkenntnisse wurde die Entwicklung moderner Verhütungsmittel möglich. Davor war eine unglaubliche Anzahl von zum Teil unwirksamen oder auch schmerzhaften Verhütungs- und Abtreibungsmethoden im Umlauf. Diese werden im „Verhütungsmuseum" am Mariahilfer Gürtel 37, übrigens das weltweit einzige dieser Art, mit schonungsloser Offenheit dokumentiert. Die Sammlung von Objekten und Instrumenten verdeutlicht die Verzweiflung und gleichzeitig die Fantasie, mit der die Menschen zu allen Zeiten versucht haben, ihre Fruchtbarkeit zu steuern.

Drei Räume zeigen einen Streifzug durch die Geschichte der Verhütung von den alten Ägyptern bis zu den Methoden von morgen. Die Entwicklung der unterschiedlichsten Schwangerschaftstests, von indirekten Anzeichen wie Hahnenschrei über den Froschtest bis heute, ist eine spannende Reise durch die Jahrhunderte. Wir können es heute kaum glauben, welche obskuren Methoden angewendet wurden, welche Pflanzen, Tiere und Wundermittel eine Schwangerschaft verhindern sollten. Und wenn sie dennoch ungewollt eingetreten war, kamen die grauenvollsten Instrumente zur Anwendung, um die Leibesfrucht zu entfernen. Die eindrucksvolle Schau macht betroffen. Seit 2003 bemüht sich der Arzt und Gynäkologe DDr. Christian Fiala, dieses Tabuthema auf internationalen Kongressen und in seinem Wiener Museum zu thematisieren.

Heimlich, hinter der verschlossenen Küchentür, wurden die Abtreibungen mithilfe von Haushaltsgegenständen vorgenommen.

DER LANGE ARM DER KAISERIN: VERHÜTUNG IM LAUF DER GESCHICHTE

Die österreichische Monarchin Maria Theresia verfügte in ihrer *constitutio criminalis*, dass Frauen, die ihre Leibesfrucht abtrieben, mit dem Tod zu bestrafen seien. In Österreich regelte der §144 ff. StGB die Bestrafung der Abtreibung. Das im wesentlichen Teil aus dem Jahr 1803 stammende Gesetz hatte folgenden Wortlaut:

§144. Eine Frauensperson, welche absichtlich was immer für eine Handlung unternimmt, wodurch die Abtreibung ihrer Leibesfrucht verursacht, oder ihre Entbindung auf solche Art, dass das Kind tot zur Welt kommt, bewirkt wird, macht sich eines Verbrechens schuldig.

Der Schallwäscher entfernte nicht nur den Schmutz mit Ultraschall, sondern auch die ungewollte Schwangerschaft. Darunter: Eine Spritze für den Schwangerschaftsabbruch

§145. Ist die Abtreibung versucht, aber nicht erfolgt, so soll die Strafe auf Kerker zwischen sechs Monaten und einem Jahre ausgemessen; die zustande gebrachte Abtreibung mit schwerem Kerker zwischen einem und fünf Jahren bestraft werden.

Seit 1975 wird der Schwangerschaftsabbruch im Rahmen der sogenannten „Fristenlösung" unter gewissen Bedingungen straffrei gestellt. Nach wie vor ist er jedoch ein Tabuthema. „Der lange Arm der Kaiserin greift noch heute nach uns", meint die Dokumentarfilmerin Susanne Riegler. Ihr einstündiger Film zu diesem Thema lässt niemanden unberührt.

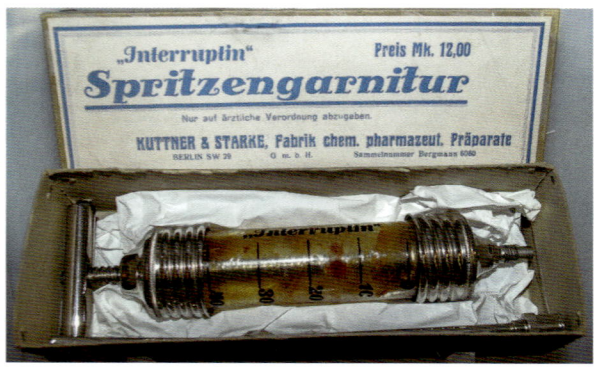

DIE ENGELMACHERINNEN

Trotz aller gesetzlichen Sanktionen haben die Menschen seit jeher versucht, sich ungewollter Kinder – sei es vor oder nach der Geburt – zu entledigen. Der Begriff „Engelmacherin" (meist waren es Frauen) geht auf das frühe 19. Jahrhundert zurück. Damit wurden Frauen bezeichnet, die gegen ein Entgelt ungewollte Kinder in Pflege nahmen, und sie durch bewusste Vernachlässigung letztendlich töteten. Seit ungefähr 1920 engte sich der Begriff auf Personen ein, die illegal Schwangerschaftsabbrüche vornahmen.

Das konnten sowohl Ärzte, Hebammen oder Heiler, aber auch medizinisch nicht vorgebildete Personen sein. Sie nahmen die Eingriffe oft unter den furchtbarsten hygienischen Bedingungen vor. Komplikationen und Todesfälle waren häufig die Folge. Welche Instrumente dabei verwendet wurden, führt das Museum drastisch vor Augen. In einer Küche aus der Jahrhundertwende liegen Stricknadeln, Fahrradspeichen und Schürhaken. Alles Gegenstände, die bei einer Hausdurchsuchung durch die Obrigkeit nicht als verdächtige Gegenstände auffielen. Giftige Pflanzen oder Putzchemikalien komplettieren die schaurige Szene.

Welcher Horror auf die Mädchen und Frauen wartete, wenn sie sich in ihrer Not einer Engelmacherin anvertrauten, zeigt die Sammlung dieser Mordinstrumente. Selbstverständlich mussten die Prozeduren heimlich hinter der verschlossenen Küchentüre geschehen, denn gewerbsmäßige Engelmacherinnen wurden mit bis zu zehn Jahren Kerker bestraft:

§146. (St.G.B.1937.) Mitschuldiger dieses Verbrechens ist, wer die Schwangere zur Abtreibung ihrer Leibesfrucht verleitet oder ihr dazu Hilfe leistet, mag es auch nur beim Versuche der Mitwirkung geblieben sein. Der Mitschuldige ist mit schwerem Kerker zwischen einem und fünf Jahren, wenn er aber gewerbsmäßig zur Abtreibung mitwirkt, zwischen fünf und zehn Jahren zu bestrafen.

Akten über Strafprozesse gegen „unmoralische Frauen", „vom rechten Weg Abgekommene", „gefallene Mädchen", Kindsmörderinnen, Engelmacherinnen etc. lassen sich in fast jedem Archiv des In- und Auslandes finden. Die Museumsorganisatoren haben eine Vielzahl österreichischer und ausländischer Archive nach solchen Strafprozessakten durchsucht, um (auch bislang ungeöffnete) Gerichtsakten der Vergangenheit im Zusammenhang mit dem Vergehen des illegalen Schwangerschaftsabbruches darzustellen. Diese wahren Schicksale aus rund 200 Jahren sind anonymisiert nachzulesen.

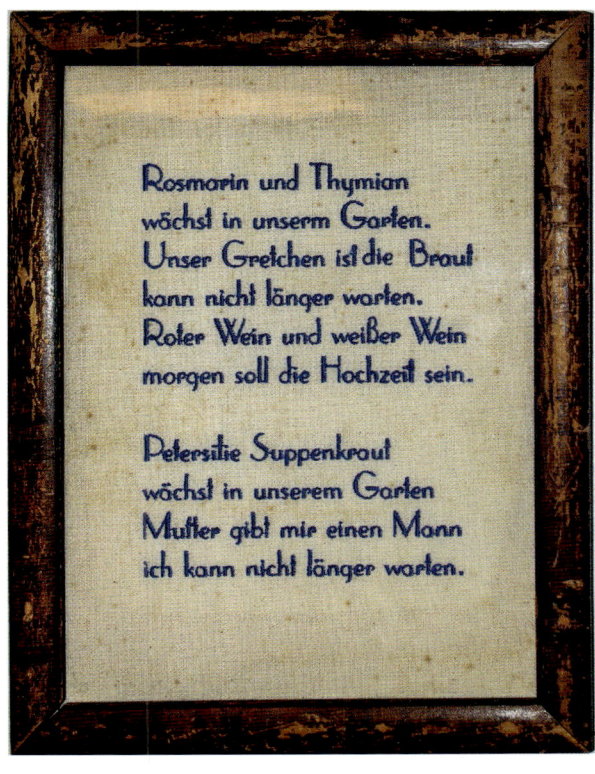

Diese Küchenkräuter sollte jedes junge Mädchen kennen – sie galten als natürliche Verhütungsmittel.

MEIN TIPP

Museum für Verhütung und Schwangerschaftsabbruch:
15., Mariahilfer Gürtel 37/1. Stock.
Öffnungszeiten: Mi. bis So. 14.00–18.00 Uhr;
Tel: +43/699/178 178 04, Internet: www.muvs.org

Dokumentarfilm von Susanne Riegler zum Thema:
www.DerLangeArmDerKaiserin.at

GEDENKSTÄTTE „AM STEINHOF"

14., BAUMGARTNER HÖHE 1

Das „Dokumentationsarchiv des österreichischen Widerstandes" gestaltete 2008 im Auftrag der Stadt Wien und in enger Zusammenarbeit mit dem „Nationalfonds der Republik Österreich für Opfer des Nationalsozialismus" die Ausstellung „Der Krieg gegen die ‚Minderwertigen' – Zur Geschichte der NS-Medizin in Wien" im Pavillon V des Otto-Wagner-Spitals.

Die Kirche
„Am Steinhof"

DER KRIEG GEGEN DIE „MINDERWERTIGEN"

Eine Ausstellung über die Abgründe der Menschlichkeit, über eine pervertierte Medizin, über das unfassbare Leid der Opfer, das alles ist die „Gedenkstätte Am Steinhof" im Otto-Wagner-Spital. In drei Räumen des Pavillon V – der ehemaligen Anstaltsverwaltung – werden berührende Hinterlassenschaften aufbewahrt: Bilder, Briefe und Zeichnungen der ermordeten Kinder. Ein originaler Vermessungsstuhl und Farbkarten zur Augen- und Haarfarbenbestimmung zeigen, nach welchen Kriterien „aussortiert" wurde. Fotos von behinderten Kindern, die als „unwertes Leben ausgemerzt" wurden, machen sehr betroffen. Schonungslos wird der Besucher mit jenen Behältern konfrontiert, in denen die Gehirne der ermordeten Kinder zum Studium aufbewahrt waren. Erst 2002 wurden die sterblichen Überreste von 600 Opfern der Kindereuthanasie bestattet. Bis in die 1980er-Jahre hatte man die Hirnpräparate zu Forschungszwecken benutzt. Ärztliche Instrumente aus der Zeit vervollständigen die Sammlung. Die Ausstellung erläutert nicht nur die nationalsozialistischen Medizinverbrechen in Wien, sondern thematisiert auch den Umgang mit diesen Verbrechen nach 1945. Der ehemalige Arzt der Tötungsklinik „Am Spiegelgrund", Dr. Heinrich Gross (1915–2005), konnte auch nach dem Ende des NS-Regimes seine Karriere fortsetzen. Die Opfer dieses „Folterknechts", wie ihn die Wiener Gesundheits- und Sozialstadträtin Mag.ª Sonja Wehsely anlässlich der Ausstellungseröffnung bezeichnete, leiden bis heute. Ihre Traumata und seelischen Wunden werden wohl nie wieder heilen. Ihnen gilt diese Gedenkstätte, die uns auffordert, hinzusehen und solche Gräuel nie wieder geschehen zu lassen. Im Jahr 2008, dem Gedenkjahr an den „Anschluss" 1938 und die Novemberpogrome, wurde mit dieser permanenten Ausstellung im Pavillon V ein Ort der würdigen Auseinandersetzung mit den Auswirkungen einer pervertierten Medizin geschaffen. Die Schicksale dieser ermordeten

Kinder sollen für die nächsten Generationen Zeugnis ablegen, damit das Unfassbare dieser Geschehnisse nicht in Vergessenheit gerät.

Mag.ᵃ Hannah Lessing, Generalsekretärin des Nationalfonds der Republik Österreich für Opfer des Nationalsozialismus, betonte: „Auf die ‚Kinder vom Spiegelgrund' ist all die Jahre ‚vergessen' worden". Durch die Arbeit des Nationalfonds habe diese Opfergruppe erstmals eine Anerkennung ihrer Leiden erfahren, so Lessing weiter. Viele der ehemaligen „Kinder vom Spiegelgrund" konnten ihren Leidensweg erstmals öffentlich aussprechen. In ihren Lebensgeschichten schildern sie die Grausamkeiten, die Experimente und die Todesangst, derer sie ausgesetzt waren.

Die Erforschung der nationalsozialistischen Medizinverbrechen zählt seit mehr als zwanzig Jahren zu einem der Arbeitsschwerpunkte des „Dokumentationsarchivs des österreichischen Widerstandes". Dessen Anliegen

Der Gesunde muss die Kosten für die Kranken tragen – Rechtfertigung für die „Ausmerzung unwerten Lebens" während der NS-Zeit.

In the jar label:
```
291/1/55   N.Kl.f.K.

B r o c k  Josef

           geb. 12.9.1937
           gest. 7.9.1943

Klin. Dg.: Erblicher Schwachsinn hohen Grades.
Makroskopischer Befund normal
```

ist es, die Ergebnisse dieser Forschungen der Öffentlichkeit zugänglich zu machen und möglichst viele Menschen darüber zu informieren. Damit soll auch der Opfer gedacht werden, um ihnen zumindest teilweise und nachträglich Gerechtigkeit zukommen zu lassen.

In diesen Behältern bewahrte man die Hirne der ermordeten Kinder auf.

MEIN TIPP

Gedenkstätte Am Steinhof, Otto-Wagner-Spital, 14., Baumgartner Höhe 1.
Öffnungszeiten: Mi. bis Fr. (werktags) 10.00–17.00 Uhr;
Sa. (auch an Feiertagen) 14.00–18.00 Uhr; freier Eintritt.
Info: www.gedenkstaettesteinhof.at. Kostenlose Führungen können unter der Telefonnummer 01/ 22 89 469-319 bzw. per E-Mail unter office@doew.at vereinbart werden.

Der Pavillon V befindet sich schräg links unterhalb der Anstaltskirche, Straße 4. Der Weg zu Fuß führt durch den Haupteingang, links am Direktionsgebäude (am Jugendstiltheater und der Hauptküche vorbei) zur Kirche hoch. Vor dem Beginn der Stiegen links zum Pavillon V abbiegen.

Folgende Seite:
Zwei Frauen sind in die Schandfibel gespannt (Darstellung im Folter-museum Wien).

Anhang

MAKING OF ...
„ORTE DES GRAUENS"

Die Autorin erforscht einen ehemaligen Klosterkerker.

Während andere Städte ihre dunkle Seite oft verbergen, breitet Wien seine Schattenplätze vor Bewohnern und Besuchern genüsslich aus. So verwundert es nicht, dass viele dieser Orte zu Touristenattraktionen wurden. Die Katakomben im Stephansdom öffnen halbstündlich für Besichtigungen und die Friedhöfe von A bis Z (Albern bis Zentralfriedhof) sind überfüllt, sobald Allerseelen naht. Regelrecht gestürmt wird auch das Bestattungsmuseum, wenn Probeliegen im Sarg angesagt ist. Die sprichwörtliche „schöne Leich" ist ja bekanntlich des Wieners Lebensziel. Nichts wird so pompös inszeniert wie das eigene Begräbnis, heißt es zumindest. Der Wiener lebt seine Affinität zum Tod dramatisch aus. Aber auch das Böse wird in Szene gesetzt wie kaum woanders: Das Wiener Kriminalmuseum dokumentiert die grässlichsten Kriminalfälle und Henker waren hier Berühmtheiten mit Kultstatus.

Als Autorin mit Hang zum Unterirdischen begab ich mich auf Spurensuche nach den historischen Orten des Grauens und nach dem, was heute noch davon zu sehen ist. Ich scheute nicht zurück vor dunklen Kellern auf der Suche nach den sprichwörtlichen Kellerleichen, kroch in modrige Grüfte, um die grauenvollen einstigen Priesterkerker aufzuspüren, stöberte in Archiven nach Dokumenten über die menschenverachtende NS-Zeit und rollte die spektakulärsten Mordfälle dieser Stadt noch einmal auf.

Ich wollte wissen, ob das Grauen an diesen Plätzen und Orten heute noch zu spüren ist. Dazu befragte ich Geisterjäger und Forscher von paranormalen Ereignissen, ob sich das Böse in den Mauern der Mordschauplätze manifestiert hat und noch immer zuschlägt. Mich selbst gruselte es dabei wohl am meisten, kalte Schauer liefen mir über den Rücken, und am liebsten hätte ich die ungastlichen Stätten schnell wieder verlassen. Aber die Wissenschaft verlangt Opfer. Und so gelang hier eine einmalige Dokumentation der schaurigsten, gruseligsten und unfassbarsten Orte des Grauens von Wien. Denn: „Das Böse ist immer und überall."

Gabriele Lukacs • www.mysterytours.at

Der Fotograf mit vollem Körpereinsatz bei der Komposition der Bilder.

Will man die dunklen Geheimnisse unserer Stadt zu Bilde bringen, sind Fantasie und Kreativität gefragt. Hier genügt es nicht, einfach den Auslöser zu betätigen. Es verlangt Einfühlungsvermögen und Fingerspitzengefühl. Die Fotos ehemaliger Tatorte oder Hinrichtungsstätten sollen den Betrachter erahnen lassen, was hier einst geschah. Das Böse, das Grauenvolle, die menschlichen Abgründe soll der Leser bildlich vor Augen haben. Als Fotograf habe ich versucht, den Kern der Geschichten mit meinen Bildern zu erzählen.

Es war nicht immer eine leichte Aufgabe, zu bedrückend sind manche der Schandtaten, die gerade an Kindern unserer Stadt verübt wurden. Auch die Auseinandersetzung mit Orten, an denen es spukt, gestaltete sich nicht immer einfach. Der Gemeindekotter von Groß-Enzersdorf war so ein Ort, der mir Gänsehaut verursachte. Das Fotografieren der „Dunklen Geheimnisse" forderte den totalen körperlichen Einsatz.

Fotografieren ist Malen mit Licht. Das gilt ganz besonders für Aufnahmen, die in Räumen ohne natürliches Licht gemacht werden. Hier gilt es, mit dem Licht Regie zu führen. Da bewährt sich die inzwischen mehrjährige gute Zusammenarbeit mit Gabriele Lukacs, die mich beim „Ausmalen" meiner Bilder unterstützt. Denn eine gute Aufnahme unter Tage ist fast nie das Werk eines Einzelnen!

Bleibt noch eine kleine Anekdote zum Blutregen: Ich hatte das Glück, im Sommer 2015 erstmalig einen „Blutregen" beobachten und fotografieren zu können. Allerdings in Zell am See, wo das Licht der untergehenden Sonne von einer tiefliegenden Wolke auf einen Gewitterguss reflektiert wurde. Und so spannt sich nun der Blutregen über den Stephansdom. Beide sind echt – aber halt nicht zur selben Zeit und am gleichen Ort!

Damit wünsche ich ein spannendes Leseerlebnis und eine gelegentliche Gänsehaut bei der Lektüre!

Peter C. Huber

QUELLEN UND LITERATUR

SEKUNDÄRLITERATUR

Buchner, Eberhard: Das Neueste von gestern. München 1911–1913. Bd. 1, 1911, Nr. 33, und Bd. 2, 1912, Nr. 143

Dehio-Handbuch, Niederösterreich südlich der Donau. Teil 1, A bis L. Wien 2003, S. 1037

Czeike, Felix: Historisches Lexikon Wien, Band 5, Wien 1997, S. 713 (Eintrag Zuchthaus Leopoldstadt)

Ehrlich, Anna: Mörder, Hexen, Henker. Eine Kriminalgeschichte Österreichs vom Mittelalter bis zur Gegenwart, Wien 2006

Gugitz, Gustav (Hrsg.): Die Sagen und Legenden der Stadt Wien, Wien 1952, Nr. 117, S. 128f.

Hesemann, Michael: Das Fatima-Geheimnis. Marienerscheinungen, der Papst und die Zukunft der Menschheit, Augsburg 2003

Huber, Elfriede Hannelore: Ausgrabungen im Friedhof des Wr. Bürgerspitals (=Beiträge zur Sozialgeschichte der Medizin vom Verein für Sozialgeschichte der Medizin), in: *VIRUS, Beiträge zur Sozialgeschichte der Medizin 4*, Wien 2004, S. 77–79

Jenni, Ulrike (Hrsg.): Alfred Hrdlicka. Mahnmal gegen Krieg und Faschismus, Band 1: Abbildungen und Textbeiträge, Band 2: Dokumentation (Das Mahnmal im Spiegel der Presse), Theodor Scheufele (Hrsg.), Wien 1999

Lehner, Ulrich L. (Hrsg.): Klostergericht und -kerker. Der „Criminalprocess der Franciscaner" (1769). (= Religionsgeschichte der Frühen Neuzeit, Band 14), Nordhausen 2012

Pawlowsky, Verena: Mutter ledig – Vater Staat. Das Gebär- und Findelhaus in Wien 1784–1910, Innsbruck–Wien–Bozen 2002

Pohanka, Friedrich: Die Geschichte der Juden im mittelalterlichen Wien, Fachbereichsarbeit aus Geschichte und Sozialkunde, Mödling 2000

Regal, Wolfgang/Nanut, Michael: „Anonyme Geburt schon im Jahre 1784 (Altes Medizinisches Wien 24)", in: *Die Ärzte Woche*, 17. Jahrgang Nr. 19, Wien 2003

Schafranek, Hans: Söldner für den ‚Anschluss', Die Österreichische Legion 1933–1938. Wien 2010

Scherhak, Elisabeth: Die Klosterkerker in der österreichischen Monarchie des 18. Jahrhunderts, Dissertation, Wien 1986

Storch, Arthur (pseud.): Franz Julius Schneeberger. Die Katakomben von Wien, Band 1+2, Wien 1870

Weber, Karl Julius: Die Möncherey oder geschichtliche Darstellung der Kloster-Welt, Band 2, Stuttgart 1819, S. 312 ff.

Wiedemann, Theodor: Die Klosterkerker in der Erzdiözese Wien, in:
Österreichische Vierteljahresschrift für katholische Theologie 10 (1871),
S. 413–442

ZEITUNGSARTIKEL

Hönigsberger, Georg/Schrenk, Julia: „Kinderheim des Grauens – Wir
wurden alle vergewaltigt und verkauft", in: *Kurier,* Online-ausgabe,
15.10.2011, Wien (http://kurier.at/chronik/wien/kinderheim-des-
grauens-wir-wurden-alle-vergewaltigt-und-verkauft/733.814)

Mallmann, Fridolin: „Vom Siechenhaus zum Hipstergrätzl",
in: *stadtbekannt.at*, 18.03.2015, Wien (http://www.stadtbekannt.at/
vom-siechenhaus-zum-hipstergraetzl)

O. A.: „Kinder und Erzieherinnen hatten Depressionen", in: *Kurier,*
Onlineausgabe, 12.06.2013, Wien (http://kurier.at/chronik/oesterreich/
wilhelminenberg-die-kinder-und-die-erzieherinnen-hatten-depressio-
nen/15.523.866)

O. A.: „Mahnmahl gegen Krieg und Faschismus", Interview mit Alfred
Hrdlicka, in: *Falter* 33/1988

O. A.: „Skelette auf Baustelle", in: *Kurier* Onlineausgabe, 31.12.2013, Wien
(http://kurier.at/chronik/wien/skelette-auf-baustelle-alte-pestgrube-
entdeckt/43.497.278)

Rothlauf, Gertraud: „Das war das Leopoldstädter Zucht- und Arbeits-
haus", in: *Mein Bezirk*, Onlineausgabe, 13.08.2014, Wien
(http://www.meinbezirk.at/wien-02-leopoldstadt/kultur/das-war-das-
leopoldstaedter-zucht-und-arbeitshaus-d1047793.html)

Schafranek, Hans: „Legionär und Fememörder", in: *Der Standard*, Printausgabe, 6./7.11.2010, Wien (http://derstandard.at/1288659659454/
Legionaer-und-Fememoerder)

Seeh, Manfred: „Gefängniszellen im Stift Klosterneuburg entdeckt",
in: *Die Presse*, Printausgabe, 05.09.2008, Wien (http://diepresse.com/
home/panorama/oesterreich/411658/Gefaengniszellen-im-Stift-
Klosterneuburg-entdeckt)

Werfring, Johann: „Scheintod – Ängste in Alt-Wien", in: *Kurier*, Onlineausgabe, 18.02.2002, Wien (http://www.wienerzeitung.at/nachrichten/
oesterreich/chronik/335989_Scheintod-Aengste-in-Alt-Wien.html)

INTERNETQUELLEN

Abraham, Hedwig: „Opfer des Ringtheaterbrandes 1881, (…) Anton
Bruckners Feuertrauma", unter: viennatouristguide.at, abgerufen am
04.09.2015. (http://www.viennatouristguide.at/Friedhoefe/Zentralfried-
hof/Opfergraeber/o_02_1881ring.htm)

Herbst, Hanna: „Zwangsräumungen sind die hässlichste Seite des Immobilienmarktes", in: *vice.com*, 11.12.2014, Wien (http://www.vice.com/alps/read/wohnungsraeumungen-wien-172)

Langer, Albert: „Sanierung im Totenreich – die Franziskanerkirche", in: *Porr-Nachrichten*, Ausgabe 142, Wien 2003, S. 13–18. (http://www.porr.hu/ptu/hungary/german/media/142_13-18.pdf)

Pohanka, Reinhard: „Lebendig begraben – Ein Skelettfund aus dem Chor der Minoritenkirche in Wien: Opfer der Medizin, Übeltäter oder Wiedergänger?", unter: www.vampyrbibliothek.de/vampire/uebeltaeter-oder-wiedergaenger.pdf

Winkler, Anita: „Die Bevölkerung durch Zucht in Ordnung halten", unter: www.habsburger.net/de/kapitel/die-bevoelkerung-durch-zucht-ordnung-halten

Winkler, Anita: „Das Wiener Findelhaus zwischen Wohlfahrt und Bevölkerungspolitik", unter: www.habsburger.net/de/kapitel/das-wiener-findelhaus-zwischen-wohlfahrt-und-bevoelkerungspolitik

Zeder, Heinrich: „Mit der Bibel in der Hand", in: *doew.at, Dokumentationsarchiv des österreichischen Widerstandes* (http://www.doew.at/erinnern/biographien/erzaehlte-geschichte/widerstand-1938-1945/heinrich-zeder-mit-der-bibel-in-der-hand)

http://de.muvs.org/topic/das-wiener-gebaer-und-findelhaus/
http://de.wikipedia.org/wiki/Schloss_Wilhelminenberg
http://de.wikipedia.org/wiki/Steinhof_(Wien)
http://de.wikipedia.org/wiki/Wiener_Findelhaus
http://www.gespensterweb.de/wbb2/thread.php?postid=79446
http://www.kunstkultur.bka.gv.at/Docs/kuku/medienpool/979/21bda2t1.pdf
http://www.wien-vienna.at/sagen-spuk.php
https://de.wikipedia.org/wiki/Julius-Tandler-Familienzentrum
https://www.wien.gv.at/stadtentwicklung/projekte/schwedenplatz/pdf/schreckensort.pdf
https://www.wien.gv.at/wiki/index.php/Findelhaus
https://www.wien.gv.at/wiki/index.php/Melker_Hof_%281%29
https://www.wien.gv.at/wiki/index.php/Zucht-_und_Arbeitshaus_%282%29

BILDNACHWEIS

Alle Fotos Peter C. Huber, außer:
Archiv Gabriele Lukacs: 18
Austrian Archives/Imagno/picturedesk.com: 112
Bestattung und Friedhöfe GmbH Wien: 66
Bezirksmuseum Leopoldstadt: 80/81 u.
EXPA/picturedesk.com: 126
Gabriele Lukacs: 124
ÖNB Bildarchiv/picturedesk.com: 127
Peter C. Huber/Gedenkstätte „Am Spiegelgrund": 110/111, 164, 165
Peter C. Huber/Museum für Verhütung und Schwangerschaftsabbruch
    Wien: 158, 160, 161
Peter C. Huber/Wiener Kriminalmuseum: 156, 157
Wikimedia Commons (gemeinfrei): 12, 13, 15, 46, 60, 89, 98, 104, 144, 147
www.leben-im-mittelalter.net: 37

Ein faszinierender Blick auf Unbekanntes und noch nie Beachtetes: Wien, die Geheimnisvolle. Gabriele Lukacs macht sich auf die Suche nach verborgenen Zeichen, Codes und Botschaften, die eine dunkle, geheimnis-umwitterte Seite der Donaumetropole ans Licht bringen. Wer nach der Lektüre mit offenen Augen durch Wien geht, wird recht bald selbst weitere rätselhafte Symbole entdecken und entschlüsseln können …

Jetzt als Paperback!

Gabriele Lukacs

WIEN. Geheimnisse einer Stadt
Rätselhafte Zeichen · Verschlüsselte Botschaften

208 Seiten, 15,2 x 21,5 cm
Paperback, durchgehend Farbe
€ 18,00 · ISBN: 978-3-85431-676-3

Unheimlich erscheint vielen Menschen, was mit Tod, Leichen, Geistern und Gespenstern zusammenhängt. Die Donaumetropole Wien, ansonsten als glanzvolle Traumstadt bekannt, ist auch eine Fundgrube für alles Dunkle und Mysteriöse. Robert Bouchal und Gabriele Lukacs führen in eine faszinierende Welt, die selbst den meisten Wienern unbekannt ist.

Jetzt als Paperback!

Robert Bouchal · Gabriele Lukacs

UNHEIMLICHES WIEN
Gruselige Orte · Schaurige Gestalten · Okkulte Experimente

208 Seiten, 15,2 x 21,5 cm
Paperback, durchgehend Farbe
€ 18,00 · ISBN: 978-3-85431-644-2

Von so manchen Wiener Gebäuden wird glaubhaft überliefert, dass es sich um Spukhäuser handelt. Und dort wo einst die Galgen standen, wo man Hexen verbrannte und wo Mörder gevierteilt, gerädert und gehängt wurden, weht noch immer der Hauch des Todes. Gevatter Tod zeigt sich an unheimlichen Orten. Mörder, Betrüger, Halsabschneider trieben ihr schändliches Handwerk in dieser Stadt.

Gabriele Lukacs begibt sich seit vielen Jahren auf die Spuren von verborgenen, rätselhaften und mysteriösen Begebenheiten und Orten und wagt einen Blick in die Abgründe von Wien.

Gabriele Lukacs
GRUSELHÄUSER
Ein Blick in die Abgründe von Wien

208 Seiten, 17 x 24 cm
Hardcover mit SU, durchgehend Farbe
€ 24,99 · ISBN: 978-3-85431-678-7

IMPRESSUM

ISBN 978-3-85431-717-3

© 2015 by *Pichler Verlag*
in der Verlagsgruppe Styria GmbH & Co KG
Wien · Graz · Klagenfurt
Alle Rechte vorbehalten

Bücher aus der Verlagsgruppe Styria gibt es
in jeder Buchhandlung und im Online-Shop

Lektorat: Elisabeth Wagner
Covergestaltung: Bruno Wegscheider
Layout: Alfred Hoffmann
Coverfotos: Peter C. Huber

Reproduktion: Pixelstorm, Wien
Druck und Bindung:
Druckerei Theiss GmbH, St Stefan im Lavanttal

1 3 5 7 6 4 2

Printed in Austria